本书得到

鄂尔多斯市文化和旅游局文物保护和专项出版经费、国家社会科学基金中国历史研究院重大历史问题研究专项（项目号：LSYZD21018）、国家社会学基金（项目号：19FKGB003）、中国科学院战略性先导专项科技专项 B 类（XDB26000000）、国家自然科学基金（批准号：41977379）

资助

红水流长 繁华竞逐

鄂尔多斯乌兰木伦河

旧石器考古发现精选

鄂尔多斯市文物考古研究院

中山大学社会学与人类学学院

中国科学院古脊椎动物与古人类研究所

编著

文物出版社

图书在版编目（CIP）数据

红水流长 繁华竞逐：鄂尔多斯乌兰木伦河旧石器考古发现精选 / 鄂尔多斯市文物考古研究院，中山大学社会学与人类学学院，中国科学院古脊椎动物与古人类研究所编著. -- 北京：文物出版社，2022.12

ISBN 978-7-5010-7269-9

Ⅰ. ①红… Ⅱ. ①鄂… ②中… ③中… Ⅲ. ①旧石器时代考古—研究—鄂尔多斯市 Ⅳ. ①K871.114

中国版本图书馆CIP数据核字（2022）第244176号

红水流长 繁华竞逐

——鄂尔多斯乌兰木伦河旧石器考古发现精选

编　　著　鄂尔多斯市文物考古研究院
　　　　　中山大学社会学与人类学学院
　　　　　中国科学院古脊椎动物与古人类研究所

责任编辑　乔汉英
责任印制　张道奇

出版发行　文物出版社
社　　址　北京市东城区东直门内北小街2号楼
邮　　编　100007
网　　址　http://www.wenwu.com
经　　销　新华书店
制版印刷　天津图文方嘉印刷有限公司
开　　本　889mm×1194mm　1/16
印　　张　13.5
插　　页　1
版　　次　2022年12月第1版
印　　次　2022年12月第1次印刷
书　　号　ISBN 978-7-5010-7269-9
定　　价　460.00元

编辑委员会

FOREWORD

In the embrace of the Chinese "ji（几）-shape" part of the Yellow River in northern China, the ancient and magical Ordos is embedded in it like a brilliant pearl. The Ordos is a vast land with a long cultural history and unique geographical location, surrounded by the winding Yellow River and the Great Wall.

It is one of the important birthplaces of human origins as early as tens of thousands of years ago. Since the Shang and Zhou dynasties, many ancient nomadic tribes such as the Tufang, Xianyun, Rongdi, and Hsiung-Nu have lived and worked here. Together, they form a unique Ordos multi-ethnic culture, an important embodiment of the pluralistic consciousness of the Chinese nation.

Stopping at the site ruins of Wulanmulun and talking to the ancestors, you can feel the weight of the time-honored past, while exploring ancient cultures of the Wulanmulun River leaves a deep prehistoric imprint in your mind. Paleolithic archaeology in the Ordos has shone brightly since excavations of the Salawusu site in 1923 by French Jesuit priests and scientists Émile Licent and Pierre Teilhard de Chardin. Since then, with the discovery and excavation at Wulanmulun starting in 2010, this area has once again attracted global attention.

This site was discovered during the construction of the Kangbashi Wulanmulun River Landscape Lake, with trial excavations starting soon after. The Ordos Municipal Department of Cultural Relics and the Institute of Vertebrate Paleontology and Paleoanthropology of the Chinese Academy of Sciences formed a joint scientific team to carry out archaeological excavations for eight consecutive years, unearthing nearly 20,000 stone artifacts and more than 50,000 animal fossils. In particular, the well-preserved hearth unearthed in 2011 showed not only the natural stratum but also ancient human knowledge that a pit would improve air circulation and kindling reserves in the operation of a fire. The tanged point discovered in 2012 gave important clues for cultural exchange between East and West in the Middle Paleolithic and insights into the migration of modern humans.

序

在中国正北方，黄河“几”字弯怀抱里，古老神奇的鄂尔多斯像一颗璀璨的明珠镶嵌其中。

鄂尔多斯，历史悠久，文化灿烂，地理区位独特，被九曲黄河环抱，与长城相依，这片广袤的热土孕育了迷人多彩的地域文化，是人类文明的重要发祥地之一，早在数万年前，就有人类先祖在鄂尔多斯高原繁衍生息。

历史上，从商周开始就有土方、猃狁、戎狄、匈奴等北方古代部落在这里游牧逐鹿，多民族长期碰撞、交融，形成了独具特色的鄂尔多斯多元民族文化，是中华文明的重要组成部分，也是中华民族多元一体格局和共同体意识的重要体现。

驻足乌兰木伦遗址，对话先祖，万年的沧桑倾诉着厚重的过往；探寻乌兰木伦河旧石器，捡拾记忆，文明的碰撞留下了深刻的印痕……

鄂尔多斯的旧石器考古在1923年法国古生物学家桑志华、德日进对萨拉乌苏遗址的局部清理发掘时就已焕发出耀眼光芒，其后持续发展，2010年乌兰木伦遗址的发现和发掘再次引起广泛关注。

乌兰木伦遗址是当年建设康巴什乌兰木伦河景观湖施工过程中发现的，同年即进行了试掘。之后，鄂尔多斯市文物部门与中国科学院古脊椎动物与古人类研究所组成联合考古队连续开展了8年的考古发掘，出土石制品近2万件、动物化石5万多件；特别是2011年出土的由木炭、烧骨、石器等组成的用火遗迹，揭示了乌兰木伦遗址原地埋藏的性质，也为探讨乌兰木伦遗址古代先民的生活方式提供了珍贵证据；2012年出土的带铤石镞，为旧石器时代中期东西方文化交流乃至现代人的迁徙提供了重要的文化证据；2013年出土的完整披毛犀骨架以及肋软骨、籽骨化石更是中国乃至世界范围内的重要发现。这些遗物的出土印证着乌兰木伦遗址的重要价值和文化内涵，同时也表明乌兰木伦遗址还有更多的文化遗存需我们去揭示，还有更多的内涵价值等着我们去挖掘。

经光释光测年，乌兰木伦址遗址的年代约为距今6.5万~5万年，处于我国旧石器时代考古文化发展序列中的旧石器时代中期，是现代人演化和迁徙的关键时段，恰好填补了萨拉乌苏遗址和水洞沟遗址的中间缺环，三处遗址形成了一个旧石器时代中期至晚期的完整序

The complete skeleton of the woolly rhinoceros and fossilized rib cartilage together with sesamoid bone unearthed in 2013 were also significant finds. Using OSL dating, the age of the Wulanmulun site is about 50,000-65,000 years ago that fills a gap between the earlier Salawusu site and the later Shuidonggou site. These three sites form a complete sequence from the Middle to Late Paleolithic in Inner Mongolia and North China.

In the 12 years of fieldwork (with 8 years of continuous excavations), more than 30 academic papers have been published in journals such as the *Acta Archaeological Sinica, Archaeology, Acta Anthropologica Sinica, Quaternary Geochronology,* and *Quaternary International.* Significant discoveries have been reported many times by *Weekly of China's Cultural Relics.* And several provincial and ministerial agencies have approved this research, *the National Social Science Foundation of China, the National Natural Science Foundation of China, and the Strategic Priority Research Program of Chinese Academy of Sciences.* The paper entitled *Stage typology research on core reduction of Wulanmulun site in Ordos* won second prize at the Sixth Inner Mongolia Autonomous Regional Government for Outstanding Achievements in Philosophy and Social Sciences. In January 2012, the Wulanmulun site was awarded as one of the Six Major Archaeological Discoveries of China by the Archaeology Forum of the Chinese Academy of Social Sciences. In September 2014, it was identified as part of one of the key cultural relics protection units in the autonomous region level. In June 2016, it was included on the list of autonomous region level archaeological site park constructions.

In the past 12 years, Ordos cultural relics and museum archaeologists have made unremitting efforts to cooperate closely with the Institute of Vertebrate Paleontology and Paleoanthropology (IVPP) of the Chinese Academy of Sciences, Sun Yat-sen University and other scientific research teams. They have received care and support of government departments and leaders of the region, state, and city levels. Especially under the attention and support of the Ordos Municipal Party Committee and the municipal government, excavation and protection of the Wulanmulun site and investigation of the Wulanmulun River Basin have been carried out smoothly.

Research publication includes the *Report of Paleolithic Survey and Trial Excavation in Wulanmulun River Basin, Ordos,* the *Red Water Flows Long and Vigorous Competition - Selected Paleolithic Archaeological Discoveries of the Wulanmulun River in Ordos,* and the *Report of the Excavation of Wulanmulun Site.* It is hoped that through data compilation and publications of the Wulanmulun site that the world will have a deeper understanding of this special region called Ordos.

列，在内蒙古地区乃至华北旧石器考古研究中具有不可替代的重要作用。

12年来的田野调查，8年的持续考古发掘，取得了丰硕的考古成果，围绕乌兰木伦遗址开展的相关考古成果在《考古学报》《考古》《人类学学报》和*Quaternary Geochronology*、*Quaternary International*等国内外著名期刊发表学术论文30余篇（部）；重要考古发现被《中国文物报》多次报道；申请获批国家社会科学基金2项、国家自然科学基金至少1项、中国科学院战略先导专项和其他省部级项目多项课题；《鄂尔多斯市乌兰木伦遗址石核剥片技术的阶段类型学研究》荣获内蒙古自治区第六届哲学社会科学优秀成果政府奖二等奖。2012年1月，乌兰木伦遗址经中国社会科学院考古学论坛评审推荐为2011年度中国（六大）考古新发现；2014年9月，被公布为第五批自治区级重点文物保护单位；2016年6月，被列入自治区级考古遗址公园建设名单。

12年来，鄂尔多斯文博考古人不懈努力，与中国科学院古脊椎动物与古人类研究所和中山大学等科研团队紧密合作，得到了国家、自治区及鄂尔多斯市等各级政府部门和领导的关心和支持，特别是在鄂尔多斯市委、市政府的重视与支持下，乌兰木伦遗址的发掘、保护及乌兰木伦河流域调查等工作得以顺利开展，并取得了良好的工作成效。

乌兰木伦遗址阶段性工作成果《鄂尔多斯乌兰木伦河流域旧石器考古调查与试掘报告》、本书《红水流长　繁华竞逐——鄂尔多斯乌兰木伦河旧石器考古发现精选》和《鄂尔多斯乌兰木伦遗址发掘报告》的系列出版是各级科研团队12年来共同努力的结果，是他们智慧与心血的结晶，也是历史赠予我们无比丰厚的文化遗产。希望通过乌兰木伦遗址考古发掘报告和精选图录的编辑出版，能够使世人更深入的了解鄂尔多斯、认识鄂尔多斯，激励“鄂尔多斯人”奋力开创现代化鄂尔多斯、建设美好未来的热情。

乌兰木伦遗址的发现和发掘，为研究早期人类的生存行为，以及中国石器技术的演化提供了重要考古材料，为鄂尔多斯市注入了深厚的历史文化内涵，也为文化旅游融合发展赋予了新的活力，兼具重大的学术、文化和社会意义。在此特别感谢乌兰木伦遗址考古发掘领队中国科学院古脊椎动物与古人类研究所侯亚梅研究员及黄慰文、董为研究员，中国科学院地质与地球物理研究所袁宝印研究员，华南师范大学李保生教授，北京大学城市与环境学院张家富教授，北京师范大学地理学与遥感科学学院邱维理教授，中山大学社会学与人类学学院刘扬副教授等，以及已经退休的前鄂尔多斯青铜器博物馆馆长王志浩，前鄂尔多斯市文物考古研究院院长杨泽蒙、尹春雷等文物考古工作者的辛勤付出。在祝贺成果取得的同时，需要感谢的团队和个人还有很多，难免挂一漏万。

乌兰木伦遗址考古发掘报告和精选图录的出版并不意味着结束，恰恰是新征程的开始。下一步，我们将深入学习贯彻习近平总书记关

The discovery and excavation of the Wulanmulun area has provided important archaeological materials for the study, exposed profound historical and cultural knowledge of Ordos City, and given a new vitality to the development of cultural tourism. Special thanks are offered to the hard work of the leaders of the archaeological excavation, researchers Hou Yamei, Huang Weiwen, and Dong Weiwen of the IVPP, CAS; Yuan Baoyin, Institute of Geology and Geophysics (IGG), CAS; Professor Li Baosheng, South China Normal University; Professor Zhang Jiafu, School of Urban and Environmental Sciences of Peking University; Professor Qiu Weili, School of Geography and Remote Sensing Science of Beijing Normal University; and Associate Professor Liu Yang, School of Sociology and Anthropology of Sun Yat-sen University; Wang Zhihao, former director of the Ordos Bronze Museum, and Yang Zemeng and Yin Chunlei, former directors of the Ordos Antiquity & Archaeology Institution. While congratulations are given here, there are many teams and individuals to thank it is inevitable that there will be omissions.

Publication of the excavation report and catalogue does not mean the end, but rather the beginning of a new journey. In the next step, we will study and implement the spirit of General Secretary Xi Jinping's important expositions and instructions on cultural relics work, especially the new era guideline of "Conservation first, enhancing administration, finding value, effective application and bringing cultural heritage to be alive." Together we will strengthen management of cultural relics protection; deepen research and the inheritance of cultural relics; protect inheritance; activate and utilize appropriate excavation techniques; and build on our responsibilities. Specifically, we will comprehensively improve protection of the Wulanmulun site and its contents; continue archaeological excavations; and especially focus on the construction of the archaeological site park and museum within a larger cultural tourism complex with a patriotic education foundation.

Li Yun

Secretary of the Party Leadership Group and Director of

Ordos Culture and Tourism Bureau, December 2022

于文物工作的重要论述和重要指示批示精神，特别是考察殷墟遗址的重要讲话精神，坚持“保护第一、加强管理、挖掘价值、有效利用、让文物活起来”的新时代文物工作方针，加强文物保护管理，深化文物研究传承，在完善机制中守护传承，在挖掘特色中活化利用，在压实责任中强化保障，全面做好乌兰木伦遗址保护、继续开展乌兰木伦遗址的考古发掘工作，修编鄂尔多斯市乌兰木伦遗址保护规划和考古遗址公园建设规划，通过考古遗址博物馆、考古遗址公园的建设，打造集考古发掘、研究利用、旅游研学和爱国主义教育为一体的文化旅游融合综合体和网红打卡地，全面提升文物保护利用和文化遗产保护传承水平，打好打响鄂尔多斯文物工作品牌，推动文物保护和利用事业高质量发展。

鄂尔多斯市文化和旅游（文物）局党组书记、局长

2022 年 12 月

乌兰木伦遗址远景

Archaeological Finds Show a 60,000-Year Prosperity along the Wulanmulun River

The Wulanmulun River, an important branch of the Yellow River and great artery of China, rises in the Ordos, Inner Mongolia, to meet the Beiniuchuan River and form the Kuye River at Shenmu in Shaanxi, from where it flows into the Yellow River. In Mongolian, "Wulan (乌兰)" means "red" and "Mulun (木伦)" means "where brooks converge," a precise translation for the river as it is the color of red sandstone from its scouring bedrock. The river is located in the Ordos Plateau, a transition zone between arid and semiarid regions. Though quiet most time due to a lack of rainfall, it turns red and turbulent in rainy seasons. The lasting and sluggish erosion of this red river makes the flood plain smooth and wide like open grasslands.

The quiet river has witnessed the growth of thriving and prosperous cities such as Yijinhuoluo and Kangbashi, and the bare hills, once merely naked sandstone have become green and luxuriant today. Within the Wulanmulun River basin, archaeologists have found evidence for frequent human activities dating back 65,000 years ago with a variety of cultural remains including stone artifacts that show a living and thriving picture of ancient human life. However, with time, this picture has fallen silent.

Breakthrough: Discovery and Research of the Wulanmulun Site

The first place to break the silence is the Wulanmulun site. In the summer of 2010, during construction along the Wulanmulun River, Kangbashi District, a young Mongolian archaeological enthusiast named Gurizhabu collected several animal fossils and handed them over to the Ordos Bronze Museum, here attracting the attention of

考古发现展示鄂尔多斯乌兰木伦河六万年来繁华景象

乌兰木伦河发源于内蒙古鄂尔多斯，向东南流入陕西与悖牛川河汇合而称窟野河，再流入黄河，是黄河大动脉的一条支流，是中华民族母亲河黄河的重要组成部分。在蒙语中，乌兰意指红色，木伦意指泉水交汇点，乌兰木伦就是红色的水。这一描述十分精到。乌兰木伦河所在基岩为红色砂岩，在流水的冲蚀作用下，将红砂带入水中，看起来水就是红色的。乌兰木伦河地处半干旱向干旱过渡地带的鄂尔多斯高原，雨水较少，大部分时间是平静的，只有在雨季才能看到湍急的红色河水。红水长流，长期缓慢的侵蚀使得河漫滩平整而宽广，一如草原般辽阔。

现在的乌兰木伦河依然平静而不喧嚣，但两岸已崛起了像伊金霍洛、康巴什这样美丽而富饶的城市，人来车往，热闹非凡。曾经两岸红色砂岩裸露的绵绵山丘，现在已是郁郁葱葱。古今相映，考古发现实证距今六万五千年以来，乌兰木伦河流域人类活动已经十分频繁，石制品等人类文化遗物遍布山野，展现出一幅鲜活热闹的生活场景，真可谓"红水流长、繁华竞逐"。然而，随着时间的流逝，这幅繁华的景象早已隐入沉默的地层。

一、石破天惊：乌兰木伦遗址的发现和研究

最先打破平静的是乌兰木伦遗址。2010年夏，康巴什乌兰木伦河景观湖的建设如火如荼。蒙古族青年考古爱好者古日扎布在河边捡到几件动物化石，交给鄂尔多斯青铜器博物馆，引起时任馆长王志浩的重视，到现场考察发现人工制品而确认这是一处旧石器时代遗址。同年在进行初步的试掘后，和中国科学院古脊椎动物与古人类研究所组成联合考古发掘队，自2010年至2017年进行了连续系统的考古发掘。遗址一共有三个地点，相距不远。其中第1和第2地点保存较好，地层堆积厚，遗物出土丰富；第3地点通过解剖了一条探沟，发现地层大部分已被晚期冲沟破坏，只出土了少量的动物化石。考古工作表明，乌兰木伦遗址是一座距今约6.5万~5万年的古人类活动遗址[1]，处于现代人演化的关键时间节点，是我国已知年代确切的少数旧石器时

curator Wang Zhihao who later visited the site to confirm it was an important Paleolithic site. After initial excavations, a joint archaeological team formed in cooperation with the Institute of Vertebrate Paleontology and Paleoanthropology (IVPP) of the Chinese Academy of Sciences (CAS) conducted systematic excavations from 2010 to 2017. The site had three localities in close proximity to each other. Localities 1 and 2 were better preserved with abundant remains unearthed from their thick stratigraphic accumulations. By dissecting an exploratory trench, the major part of the Locality 3 stratum was destroyed by a gully, and thus only a few animal fossils were exposed. This fieldwork showed that the Wulanmulun site recorded ancient human activities between 50,000 and 65,000 years ago [1], which is a critical junction in modern human evolution. It is one of the few Middle Paleolithic sites with an absolute age in China. It is also a breakthrough in the Ordos as it is nearly 90 years since the discovery of the Salawusu and Shuidonggou sites in 1920s. As a new great discovery, the Wulanmulun site was awarded one of the Six Major Archaeological Discoveries of China in 2011. It was also a selected entry for a key book entitled *Important Archaeological Discoveries of China in the New Century (2011-2020)* as only two paleolithic sites among a total 60 archaeological sites listed in the volume. Excavation showed continuous stratigraphic sections, human activity traces including a well-preserved fireplace and significant remains of stone artifacts and animal fossils. As one of the few well-preserved Paleolithic sites, it offers excellent materials for ongoing research into ancient human life and for conservation and display of remains to the public.

A fascinating part of archaeology is (like the annual digs at Wulanmulun) ongoing discoveries not knowing what the next shovel will reveal.

After discovery in 2010, two research professors, Huang Weiwen (IVPP) and Yuan Baoyin from the Institute of Geology and Geophysics (IGG) of CAS were invited to the site. On observing the stratum, these two senior experts concluded that it was an important Paleolithic site, comparable to the Salawusu site. That same year a joint team from the Ordos Bronze Museum and IVPP, led by Wang Zhihao and Hou Yamei, made further excavations and again obtained ample cultural remains [2].

代中期遗址之一，也是鄂尔多斯地区自20世纪20年代发现萨拉乌苏和水洞沟遗址以来近九十年的考古发现新突破，具有重大的考古新发现和学术意义，获评2011年度全国六大考古新发现殊荣，并入选《新世纪中国考古新发现（2011～2020）》一书，是60项入选的考古遗址中两个旧石器时代考古遗址之一，也是三个入选的内蒙古遗址之一。考古发掘显示，乌兰木伦遗址具有连续的地层剖面、保存良好的火塘等人类活动遗迹以及丰富的石制品、动物化石等遗物，为探讨古人类的生活行为等提供了优渥的材料，其保存状况在中国众多旧石器考古遗址中亦很难得。特别是遗址还处在城市的中心区、景观湖畔，这一得天独厚的地理位置，更为后续的保护、利用和展示提供了绝佳条件。

考古的魅力很大部分在于不断给人以“惊喜”，因为我们永远不知道下一铲会有什么新的收获。可以说，乌兰木伦遗址的发掘就是如此。在连年不断地发掘中，每一年的深耕细作换来的是每一年的新收获和新成果。

2010年的试掘，大量的文化遗物告诉我们这是一处难得的完整保留了古人类活动信息的遗址。2010年乌兰木伦遗址发现后即由鄂尔多斯青铜器博物馆开展了抢救性发掘，出土了大量文化遗物。鄂尔多斯文物工作者以长远的战略眼光，很快意识到这是一项重要发现，并邀请中国科学院古脊椎动物与古人类研究所黄慰文研究员和中国科学院地质与地球物理研究所袁宝印研究员到遗址进行现场考察。两位专家在观察了遗址地层后，认为可以与萨拉乌苏遗址地层对比，遂推断这是一处重要的旧石器时代遗址。同年，鄂尔多斯青铜器博物馆与中国科学院古脊椎动物与古人类研究所合作，由王志浩馆长和侯亚梅研究员带队组成联合考古队对遗址再次进行了试掘，又获得了丰富的文化遗物。这两次试掘对于乌兰木伦遗址具有开创性的意义，确认了这是一处旧石器时代文化遗存[2]，丰富的文化遗物则表明遗址较为完整地保留了古人类活动信息，具有长期工作的潜力。

2011年的发掘，用火遗迹的发现表明古人类在这里生活停留。2011年，联合考古队向国家文物局提交发掘申请，并于同年对遗址进行了正式发掘。该年遗址发掘范围不大，且由于发掘工作十分精细，进展较慢，所以发掘深度也不大。即便如此，本年度发掘同样获得了大量的文化遗物，仅石制品就近七千件。该年度的一个很重要的成果是在遗址西部第③层发现了一处用火遗迹。保存较好，可见对自然层的打破痕迹。这表明古人类在用火时已懂得挖坑以便更好地通风或者保存火种，另一方面也表明遗迹在废弃后被迅速埋藏并几乎没有受到后期埋藏过程的扰动[3]。用火遗迹的发现对探讨遗址的埋藏成因以及古人类的生活行为具有重要的意义。

2012年的发掘，带铤石镞的发现对探讨旧石器时代中期东西方文化交流乃至现代人的迁徙提供重要文化证据。2012年的发掘持续时间3个月，主要目的之一是发掘到基岩面以

In 2011, this joint team conducted formal excavations under approval of the National Cultural Heritage Administration. Again further lithic materials, over 7,000 pieces, were collected but more importantly was the *discovery of an ancient hearth* found in layer 3 in the western part of the site. This well-preserved hearth showed not only the natural stratum but also ancient human knowledge that a pit would improve air circulation and kindling reserves in the operation of a fire. As well, it was noted that cultural remains were soon buried after abandonment and hardly disturbed by later burial process [3].

In 2012, a three-month excavation had the goal of establishing a complete stratigraphic profile including to the bedrock floor, but this objective was not made because of spring water disturbance in the lower stratum. A large number of fauna and lithic artifacts were found 80 cm below the excavation plane of Layer 8 showing a deep stratigraphic profile with cultural relics. It's interesting to note that at the top of Layer 8 was found a relatively complete skeleton of woolly rhinoceros. Another key finding was a *tanged point*, a style first noted in the North African Paleolithic, *which might be evidence for migration of modern humans and a cultural exchange between East and West*. This type of point, which is seldom seen in domestic Paleolithic sites, is hafted to a wooden shaft and thus represents part of a composite tool. By determining the global distribution of tanged points, we may learn more about Paleolithic migration routes of modern humans out of Africa [4].

After a one-month excavation in 2013, *an almost complete skeleton of a late Pleistocene woolly rhinoceros* with exact provenance was found. About 182 pieces were cleaned and numbered including a hyoid; sesamoid bones that had never been found before; and costal cartilage, the first found in the world [5]. This may be the most complete skeleton of a late Pleistocene woolly rhinoceros in China.

In 2014, *Locality 2 showed faunal footprints and plant fossils* dating to the late Middle Paleolithic. The earliest discovery of animal footprints (elephants) was in 2003 at the Majuangou site, Nihewan Basin. The footprints at Wulanmulun were numerous, well-preserved, and showed many animal species. Of 244 prints identified by Jiang Zhigang

获得一个完整的地层剖面。不过，由于下部地层泉水太丰富导致发掘难以继续。后用探铲试探也没有能够触及基岩面。但在第⑧层发掘平面往下80厘米的深度仍发现有较多动物化石和石制品，这意味着遗址剖面依然有较深的厚度，且文化遗物在下部层位延续存在。此外，在第⑧层还初步出露一具保存较为完整的披毛犀骨架化石。该年度的一个重要发现是出土了1件带铤石镞。带铤石镞是一类非常特殊且具有文化指示意义的工具类型，最早出现在非洲北部的旧石器时代中期。修铤一般是为了捆绑以制造复合工具，其因为能够“远距离射杀”而实现“安全狩猎”，被认为是现代人一次有效的进步。其在我国的旧石器时代考古遗址中还少有报道。乌兰木伦遗址的这件带铤石镞标本与非洲的此类工具非常相似，体现出一致的加工和修理技术，不能排除它们之间存在某种文化的传播与交流。通过梳理带铤石镞在世界范围内的时空分布，不仅可以粗略窥见该工具类型的传播路线，甚至能够为现代人走出非洲的北线迁徙路线提供旧石器文化上的证据[4]，具有重要的研究价值。

2013年的发掘，完整的披毛犀骨架以及肋软骨化石的发现喜获“两个第一”。2013年的发掘持续时间约1个月，不仅获得了大量的文化遗物，而且还取得了“两个第一”的重要成果。一是出土了目前中国有确切地层和可信年代的最完整晚更新世披毛犀骨架化石。清理所获编号标本182件，其中部分可拼合，例如牙与头骨、关节窝与椎骨等。经统计，该具较完整披毛犀骨架一共含骨骼部位160个。就完整程度来看，不仅具有完整的头骨，而且较难保存的舌骨也有发现；还发现了尚未见报道的籽骨等，堪称中国出土的晚更新世披毛犀之最。这一通过科学的考古发掘清理出来，具有清楚的地层和年代背景的完整披毛犀骨架化石的发现，为全面研究披毛犀的各个部分骨骼特征提供了难得的实物资料，具有重要的科学研究价值。二是出土了世界范围内首次发现的披毛犀肋软骨化石[5]。软骨组织主要由有机质构成，要保存下来最后形成化石非常困难。目前，世界范围内软骨化石的发现极其罕见。乌兰木伦遗址出土的这具保存完整的肋软骨化石，在世界上尚属首次发现。单从新发现上讲，就已足够重要。从学术研究角度，也为我们探寻披毛犀很多未知现象提供了绝无仅有的实物材料。

2014年的发掘，遗址第2地点完整揭露一处大规模旧石器时代中晚期动物群脚印和植物遗迹化石面。最早在中国旧石器考古遗址中发现动物脚印的是2003年河北泥河湾盆地马圈沟遗址的发掘。乌兰木伦遗址此项发现，规模大、保存好，脚印所反映的动物种类和行为多，在旧石器考古遗址中极为少见，具有重要价值，在世界旧石器考古发现中亦属难得。该遗迹化石面经中国科学院动物研究所蒋志刚研究员与法国动物考古学家克里斯多夫等专家的现场鉴定，在244个遗迹化石中判断出植物遗迹化石2个以及不同种类动物包括马、牛、羚羊、鹿以及食肉类动物等在内的212个脚印化

from Institute of Zoology of CAS and Christophe Griggo, a French zooarchaeologist from Grenoble University, two were clearly plants and 212 were of animals such as equid, gazelles, bovids, rhinoceros, cervids and a carnivore. A cluster of equid footprints suggests horses fleeing or struggling in situ.

The 2015-2017 excavations focused on lower strata, again with a significant number of finds. These discoveries and an understanding of the local natural area have created a vivid picture of ancient human life. Its environmental wetness was indicated by the proximity of the river, spring water in the lower strata, as well as in the river and lake-facing stratum. Obviously this dampness would make an unsuitable habitation for short- or long-term living, but would provide an excellent drinking place for mammals including humans and also convenient hunting conditions. It is suggested that the Wulanmulun site was likely a hunting-slaughtering site (not settlement or campsite) [6]. The site yielded a variety of large mammal fossils [7] and ample stone artifacts with hammerstones, cores, flakes, various tools, fragments and debris [8]. According to a geological survey of the bedrock gravels from the river banks within a two kilometer distance, it is conceivable that Wulanmulun humans deliberately and selectively brought gravels to the site [9]. Here, they knapped flakes and retouched tools, hunted and slaughtered animals, and conducted usual living activities as evidenced by the hearth for heating. Since it's believed that the site was not a long-term habitation, the variety of objects and processing of tools was low. According to use-wear analysis, a number of unretouched flakes were directly used [10]. Evidence shows that the Wulanmulun site was buried in place soon after human activities occurred [11], taphonomy [12], fireplace remain and the tanged point [13]. Imagine, what a flourishing place it was!

Progress: New Discoveries in the Western Wulanmulun River Basin

Discovery of the Wulanmulun site ignited archaeologists' enthusiasm and speculation on further sites in the Wulanmulun River basin. In order to enrich Paleolithic materials from the Wulanmulun River and to get a comprehensive understanding of the cultural landscape of this region, the archaeological survey of

石。这些动物脚印化石不仅使我们得以判断其所属动物种类，其良好的保存状况还展现了当时这些动物群体不同的行为方式。例如，有些组别脚印化石反映了马逃跑或者挣扎的行为。这是我国第二次在旧石器考古遗址发现动植物遗迹化石面，也是世界上较少发现较大规模且保存完好的动物群脚印化石，是一处具有重要考古、人文和社会价值的文化遗产。

2015～2017年的发掘，主要集中在乌兰木伦遗址第2地点的下部地层，依旧获得了数量较多的文化遗物。

毫无疑问，乌兰木伦遗址出土的一系列重要遗迹、遗物，都表明这是一处重要且难得的旧石器考古遗址。而考古学研究则将这些考古发现复现成一幅幅生动的古人类生活画卷。遗址的地貌（靠近河流，且遗址下部地层有泉水）、地层（具有河湖相性质）都指示遗址水体环境的存在，相对较为潮湿。这种环境显然不适合人类长期甚至短期居住，却是人类和哺乳动物饮水的绝佳场所，而这也给古人类狩猎提供了近水楼台的便利条件。研究表明，乌兰木伦遗址不太可能是古人类的居址营地，而更有可能属于狩猎—屠宰场，同时还在这里发生了密集的生活行为[6]。不仅发现有多个种类的大型哺乳动物化石[7]，还包含丰富的石制品组合，包括石锤、石核、石片、各类工具以及大量碎片和废片[8]。可以想见，该遗址只是该人群中的一小部分人为了某种目的（狩猎）从居址过来的一个活动场所，即狩猎屠宰场。地质调查表明，乌兰木伦古人类从距遗址最近约2千米的河流两岸基岩砾石层中有选择性和计划性地将砾石带到遗址[9]，在这里进行剥片和石器加工，在这里狩猎和屠宰动物，当然在这里也发生了生活行为，所以同时存在石镞等狩猎工具和刮削器等屠宰工具，以及火塘等用于加热食物的遗迹。微痕研究观察到工具上带有明确的剔肉、捆绑的痕迹[10]。因其不属于长期居住的场所，乌兰木伦遗址工具比例很低，而且加工程度都不是很高。但大量石片被直接使用，实际上弥补了工具比例低的问题。从石制品组合和拼合[11]、动物考古埋藏学[12]以及火塘等遗迹现象来看，乌兰木伦遗址在人类活动之后被迅速掩埋，属于原地埋藏。不过，虽然乌兰木伦遗址不是该人群长期居住的场所，但遗址较厚的地层堆积以及不同文化层均有大量的石制品，表明遗址应该被该人群长期反复利用。

一些旧石器文化元素如带铤石镞等的发现指示乌兰木伦古人类与旧大陆的西方有过一定的文化交流[13]。可以想见，这是一幅怎样热闹的生活场景。

二、顺理成章：西乌兰木伦河流域的旧石器考古新发现

乌兰木伦遗址的发现一方面点燃了考古工作者的热情，另一方面也让大家意识到，这样的遗址在乌兰木伦河流域是不是不止一处？为了丰富乌兰木伦河流域旧石器考古材料，也为了全面了解该区域旧石器文化面貌，乌兰木伦

Wulanmulun River basin was expanded.

During 2011 and between 2013-2014, a survey was carried out in the upper and downstream area of the western Wulanmulun River that yielded 77 Paleolithic localities and 2000+ stone artifacts, many of which were highly refined. In 2013, a comprehensive review by the Ordos Antiquity & Archaeology Institution found slope loess sediment of the Late Pleistocene and stone artifacts in WI 10. Later excavations yielded 356 artifacts, two of which were tanged points [14]. The appearance of these objects in the loess is significant, as it suggests that ancient humans worked along the river but also in the loess stratum.

Emerging: New Results in Eastern Wulanmulun River Basin

In 2022, the document entitled *Report of Paleolithic Survey and Trial Excavation in Wulanmulun River Basin, Ordos* [15] focused on years of work in the western part of the basin.

In July 2022, a joint team from the School of Sociology and Anthropology of Sun Yat-sen University and the Ordos Antiquity & Archaeology Institution conducted some reconnaissance. This survey yielded 99 Paleolithic localities and almost 10,000 stone artifacts, with some well-preserved locality strata suggesting complete assemblages with densely scattered stone artifacts. Some of the lithics showed unique technical features such as unidirectional centripetal exfoliated cores and one-sided finely retouched scrapers.

Conclusion

Abundant archaeological finds from the Wulanmulun site and from the eastern and western Wulanmulun River basin show ample activities by ancient humans. Archaeological work in this region represents a solid foundation of field survey, excavation and years of ongoing material collection. Two major reports: *Report of Paleolithic Survey and Trial Excavation in Wulanmulun River Basin, Ordos* (published in 2022), and *Report of the Excavation of Wulanmulun Site* (to be published in 2023) show

河流域旧石器考古调查顺理成章的开展起来。

考古人员于2011年和2013～2014年对西乌兰木伦河上、下游进行了数月的考古调查，发现旧石器地点77个，采集石制品近2000件。其中部分调查点发现的石制品中不乏加工精致者，为该地区旧石器文化的研究提供了重要的实物资料。

2013年，鄂尔多斯市文物考古研究院开展的复查工作，在原第10调查点（WI10）发现了时代为晚更新世晚期的坡积黄土，并在堆积内部找到了具有人工打制痕迹的石制品。随后的试掘出土了356件人工制品，其中有2件带铤石镞[14]。在乌兰木伦河第10调查点首次发现原生地层，并在其中发现了数量众多的石制品，表明乌兰木伦河流域的旧石器考古调查和发现、发掘工作仍将大有可为。试掘不仅出土了数量丰富的石制品，其中部分标本加工还非常精致。特别是一些工具类型如带铤石镞的发现，提示这类器形的出现绝非偶然，具有较高的学术研究价值。石制品出土地层属于坡积黄土，这一方面表明，在鄂尔多斯地区古人类的文化遗物不仅出现于河湖相地层，在黄土地层中也不鲜见；另一方面，虽然堆积物属于坡积黄土，但是从地貌和地层上看，其年代初步可确定为更新世晚期晚段，属于旧石器时代晚期，延伸了鄂尔多斯地区古人类生活的时段，为研究本阶段的人类行为等提供了珍贵的考古材料。

三、层出叠见：东乌兰木伦河流域的旧石器考古新收获

2022年，在多年来对西乌兰木伦河流域考古调查标本进行整理的基础上出版了《鄂尔多斯乌兰木伦河流域旧石器考古调查与试掘报告》[15]后，考古工作者进一步意识到乌兰木伦河流域旧石器考古还有进一步工作的潜力，特别是东乌兰木伦河还是一片空白。

2022年7月，由鄂尔多斯市文物考古研究院和中山大学社会学与人类学学院组成联合考古调查队，开展对东乌兰木伦河流域的系统旧石器考古调查。调查一共持续了近3个月，队员几乎跑遍了河流两岸的每一座山坡沟坎。功夫不负苦心人，其实也是自然而然的结果，正所谓层出叠见，果然有丰富的考古新收获。本次调查一共发现旧石器地点99个，采集石制品近万件。部分地点仍有地层保留，石制品分布密集，且构成一个完整的石制品组合。本次调查采集的石制品，部分表现出比较独特的技术特征，比如单向向心剥片的石核、单面精致修理的刮削器等。

虽然本次调查收获仍在整理中，但毫无疑问大大充实了乌兰木伦河流域的旧石器考古材料，也大大丰富了该流域旧石器文化内涵。部分仍保留地层的地点有可能对这批考古材料确切年代的判断起到重要的推动作用。

this commitment. Further, more than 30 Chinese and English scientific papers have been published on this research especially in *Acta Archaeological Sinica, Archaeology, Acta Anthropologica Sinica, Quaternary Geochronology* and *Quaternary International*. This work was also reported several times by *Weekly of China's Cultural Relics*. Financial support has been provided by the local Ordos Government and Cultural Bureau with monies also kindly received from the *National Natural Science Foundation of China, the CAS Strategic Priority Research Program Grant, Special Funds of Project for Paleontological Fossils Excavation, CAS, National Social Science Fund of China*, and several provincial and ministerial offices. Some researchers have also won provincial and ministerial awards for outstanding achievements in this research.

Another essential role of archaeology is to bring cultural heritage alive. Since the 18th CPC National Congress, the Party and State Leader have attached great importance to archaeological work in the New Era taking "Conservation first, enhancing administration, finding value, effective application and bringing cultural heritage to be alive" as the guideline. With this idea, heritage shows new value when archaeological discoveries are interwoven with modern people's lives and production in urban and rural development, as well as through conservation efforts that benefit everyone. In response to this point about "bringing heritage alive," we offer some significant findings along with a large number of images showing to the public the vivid picture of the prosperity of human history 60,000 years ago along the Wulanmulun River basin.

Shining from the past and present, the quiet Wulanmulun River, like a mother opening her warm heart, human beings have embraced this area over generations. The young, beautiful and rich modern cities of Yijinhuoluo and Kangbashi are really an extension of local history and prehistory as found deeply engraved in the walls and depths of the Wulanmulun River basin.

四、繁华竞逐：考古展现乌兰木伦河6万年来繁华景象

无论是乌兰木伦遗址的发掘还是西、东乌兰木伦河流域的考古调查，丰富的考古收获都显示出古人类在该地区活动之频繁。特别是考古队员在东乌兰木伦河流域调查的过程中，面对漫山遍野、个别地点甚至俯拾即是的石制品，脑海里很自然冒出这样的感叹：这里古人类的生活何等热闹繁华！

考古工作通过田野的调查和发掘、室内的材料整理、科学的研究、报告的出版等多个环节来揭示和走近历史真实。乌兰木伦河流域旧石器考古工作，有坚实的田野调查和发掘基础，经过多年不懈的资料整理，完成了《鄂尔多斯乌兰木伦河流域旧石器考古调查与试掘报告》（已出版）、《鄂尔多斯乌兰木伦遗址发掘报告》（拟2023年出版）两部大的报告，东乌兰木伦河流域考古调查新发现的整理也在有序进行，相关的考古学研究成果更是层出不穷。据不完全统计，目前已发表相关中、英文科学论文30余篇（部），不少发表在国内考古学顶级期刊《考古学报》和《考古》《人类学学报》等以及国外著名期刊*Quaternary Geochronology*、*Quaternary International*等上；相关考古发现在《中国文物报》多次报道；产生国家社会科学基金2项、国家自然科学基金至少1项、中国科学院战略先导专项2项和中国科学院古生物化石抢救性发掘项目（多年度），以及其他省部级项目多项；除获得国家级成果奖项之外，有关研究还获得了省部级的优秀成果奖。正是这些扎实的田野工作和研究成果，如滴水成涓般揭示出乌兰木伦河流域6万年来古人类活动的繁华景象。

考古工作还有一项很重要的内容就是要让文物活起来。党的十八大以来，党和国家领导人高度重视，一系列重要论述为新时代文物考古工作指明了方向，也提出了更高的要求。“保护第一、加强管理、挖掘价值、有效利用、让文物活起来”的新时代文物工作方针中，“让文物活起来”是文物考古工作的重要目标。只有将考古成果融入城乡发展，融入百姓生产生活，保护成果更多惠及人民，才能让文物在新时代绽放出新的光彩。因此，我们深刻地认识到，乌兰木伦河流域古人类活动的繁华景象，仅仅以考古报告和研究论文的方式呈现是远远不够的。本图录的编辑和出版就是本着“让文物活起来”的希冀，精选重要的考古发现，配以精要的说明和扼要的阐释，以大众更普为接受和喜闻乐见的图文形式勾画出乌兰木伦河流域6万年来古人类活动繁华景象的立体图景。

古今辉映，并不喧嚣的乌兰木伦河，她以母亲般温暖的胸怀接纳了一代又一代的人类在河畔生生不息，她静静地看着人类在河畔热热闹闹、来来去去。这种繁华景象一直延续到了今天。这里孕育出了伊金霍洛和康巴什这样美丽而富饶的城市。我们不要看这些城市面貌很新，其实他们有一条满是历史和文化的河流。

注释

〔1〕 Zhang J. F., Hou Y. M., Guo Y. J., et al. ,Radiocarbon and luminescence dating of the Wulanmulun site in Ordos, and its implication for the chronology of Paleolithic sites in China.*Quaternary Geochronology*, 2022, 72 : 1 - 10.

〔2〕 侯亚梅、王志浩、杨泽蒙等：《内蒙古鄂尔多斯乌兰木伦遗址2010年1期试掘及其意义》，《第四纪研究》2012年第32卷2期；王志浩、侯亚梅、杨泽蒙等：《内蒙古鄂尔多斯市乌兰木伦旧石器时代中期遗址》，《考古》2012年第7期。

〔3〕 刘扬、侯亚梅、杨泽蒙等：《鄂尔多斯乌兰木伦旧石器时代遗址埋藏学研究》，《考古》2018年第1期。

〔4〕 刘扬：《鄂尔多斯乌兰木伦遗址发现带铤石镞及其对现代人迁徙研究的启示》，《中国文物报》2013年11月8日第6版。

〔5〕 刘扬：《内蒙古乌兰木伦遗址首次发现披毛犀肋软骨化石》，《中国文物报》2014年2月28日第1版。

〔6〕 刘扬、侯亚梅、杨泽蒙等：《试论鄂尔多斯乌兰木伦遗址第1地点的性质和功能》，《北方文物》2018年第3期。

〔7〕 Dong W., Hou Y. M., Yang Z. M., et al., Late Pleistocene mammalian fauna from Wulanmulun Paleolithic Site, Nei Mongol, China. *Quaternary International*, 2014, 347 : 139 - 147.

〔8〕 刘扬、侯亚梅、包蕾：《鄂尔多斯乌兰木伦遗址石器工业及其文化意义》，《考古学报》2022年第4期。

〔9〕 刘扬、侯亚梅、杨泽蒙等：《鄂尔多斯乌兰木伦遗址石制品原料产地及其可获性》，《人类学学报》2017年第36卷2期。

〔10〕 Chen H., Wang J., Lian H.R., et al., An experimental case of bone-working usewear on quartzite artifacts. *Quaternary International*, 2017, 434 : 129 - 137.

〔11〕 刘扬、侯亚梅、杨泽蒙：《鄂尔多斯乌兰木伦遗址石制品拼合研究及其对遗址成因的指示意义》，《人类学学报》2015年第34卷1期。

〔12〕 Zhang L. M., Christophe Griggo, Dong W., et al. ,Preliminary taphonomic analyses on the mammalian remains from Wulanmulun Paleolithic site, Nei Mongol, China. *Quaternary International*, 2016, 400 : 158 - 165.

〔13〕 刘扬：《内蒙古鄂尔多斯乌兰木伦遗址石器工业中的西方文化元素》，《草原文物》2018年第2期。

〔14〕 刘扬、杨俊刚、包蕾等：《鄂尔多斯乌兰木伦河第10地点初步研究》，《人类学学报》2021年第40卷4期。

〔15〕 鄂尔多斯市文物考古研究院、中国科学院古脊椎动物与古人类研究所、中山大学社会学与人类学学院：《鄂尔多斯乌兰木伦河流域旧石器考古调查与试掘报告》，科学出版社，2022年。

乌兰木伦遗址
The Wulanmulun site

第一部分

靓丽新城的历史名片
——乌兰木伦遗址

在内蒙古中南部的鄂尔多斯高原，在河套平原黄河“几”字弯的怀抱里，在一代天骄成吉思汗的陵寝所在地，有一座荒原上崛起的新城，她叫康巴什。她背山面水，树木成荫，风光如画，城市建设现代而富有人文气息，是我国第一个以城市景观为载体申报被批准的国家 4A 级旅游区。在城市的中心有一条景观河，河上的四号桥新光璀璨。而就在景观河畔，有一个古老的遗址把这座新城的历史向前推至距今 6.5 万 ~ 5 万年前，让这座靓丽新城拥有了远古文化的底蕴，更是这座草原明珠一张厚重的历史名片，它就是乌兰木伦遗址 *。

乌兰木伦遗址的发现过程就显示出它与康巴什的不老缘分。2010 年，在康巴什新城景观河的建设过程中，蒙古族考古爱好者古日扎布在河边一个白垩系地层豁口处发现了古动物化石，报告给相关部门负责人后现场查看并发现了几件石制品。此后的调查又发现三个地点。从此，乌兰木伦遗址被确认为一处具有古人类活动的遗存。

二十世纪二十年代，鄂尔多斯地区发现世界瞩目的萨拉乌苏和水洞沟遗址，乌兰木伦遗址是这里时隔近 90 年新的重要考古发现，引起考古学界的广泛关注，使鄂尔多斯地区在新世纪再次成为史前考古的热点。

一件东西或一项发现的重要，有一两个方面突出和拔尖就属不易，全面开花则是少见。乌兰木伦遗址显然属于后者，它既具有连续的地层剖面、原地埋藏的堆积过程、重要的年代范围、保存良好而重要的遗迹现象、丰富的文化遗物以及关键的学术热点，且又处在城市中心，这在中国乃至世界众多旧石器考古遗址中都属难得。也因此，在遗址发现之初即被评为 2011 年全国六大考古新发现。

乌兰木伦遗址发现后，因其重要的历史、人文价值，得到了国家文物局，内蒙古自治区文物局和文物考古研究院，鄂尔多斯市政府、文化和旅游局及文物考古部门的高度重视，连续系统的发掘和研究工作得以开展。虽然发现和发掘时间不长，但相关成果层出不穷。

不大的发掘面积出土了数以万计的石制品、动物化石、颜料块等遗物以及火塘等遗迹。发现的火塘，保存完好，可见到对自然层的打破痕迹，表明古人类在用火时可能已懂得挖坑以便更好地通风。发现的石制品保存了古人类原料采集、预剥片、剥片、加工、使用和废弃的一个完整动态链；石制品拼合已发现 31 组，具有石器制造场的性质。而大量的动物碎骨、骨骼上的切割痕迹以及火塘和烧骨的发现则表明

* 关于乌兰木伦遗址的发掘简报和研究论文已经十分丰富，有兴趣者可通过多种渠道下载阅读，这里不再赘述。本书第一部分是一篇较为大众化的文章，也与本书主题更为接近，曾在“文物中的内蒙古”公众号上发表，并被内蒙古自治区文化和旅游厅公众号转载。

这里还发生了屠宰动物等生活行为。这是一个多功能的古人类活动营地，是一幅古人类在这里狩猎、打制石器、敲骨吸髓、烧烤烤火的热闹生活画卷。

在众多遗物中有 1 件带铤石镞，它是一类特殊且具有文化指示意义的工具。这类工具最早出现在非洲北部的旧石器时代中期。它有一个重要的特点是修铤，一般是为了捆绑以制造复合工具，从而实现“远距离射杀”而“安全狩猎”，被认为是现代人一次有效的进步。这在我国的旧石器时代考古遗址中还少有报道。带铤石镞打制技术很可能是现代人迁徙交流的结果，展现出早期东西方古人类文化交流的景况。

特别值得提到的是 2013 年完整披毛犀骨架以及肋软骨化石的重要发现，可以说喜获“两个第一”。一是发现了目前中国出土最完整的晚更新世披毛犀骨架化石，不仅各个骨骼部位保存完好，而且是通过科学的考古发掘清理出来的，具有清楚的地层和年代背景，研究价值重要。二是出土了世界范围内极少发现的完整披毛犀肋软骨化石，这类以有机质为主体的化石保存下来非常困难。

还有一项不得不提到的重大发现是大规模动物群脚印和植物遗迹化石面，它规模大、可鉴定动物种类多、所反映的动物行为丰富。经专家现场鉴定，识别出植物遗迹化石 2 个以及不同种类动物包括马、牛、羚羊以及食肉类动物等两百余个脚印化石，并且还辨识出动物群体不同的行为方式，例如有些组别脚印反映了马逃跑或者挣扎的行为。更为幸运的是，由于发掘人员科学精细的发掘方法，使得这一重要考古现象得以完好揭露。这一发现在旧石器考古遗址中非常罕见，是一处具有重要考古、人文和社会价值的文化遗产。

2014 年，乌兰木伦遗址列入内蒙古自治区文物保护单位。2019 年，又入选自治区考古遗址公园建设名单。目前，鄂尔多斯文物部门已对遗址建设保护大棚，政府部门也已规划遗址博物馆。不久的将来，乌兰木伦遗址将以崭新的面貌融入景观河文化长廊，融入康巴什流淌的文化血脉，融入鄂尔多斯悠久的历史长河。

习近平总书记强调，一个城市的历史遗迹、文化古迹、人文底蕴，是城市生命的一部分。历史文化以各种方式保留在城市肌体里，沉淀为独特的记忆和标识。而乌兰木伦遗址就是康巴什这座新城独一无二而又璀璨厚重的历史名片，它告诉世人这座新城背后的古老故事，那是早在6万年前古人类就在这里繁衍生息、欣欣向荣的生动景象。

1 乌兰木伦遗址远景

遗
址

2 乌兰木伦遗址各地点分布

3 第 1 地点发掘前（2010 年）

4 第 1 地点剖面（2012 年）

5　第1地点地层堆积

上部地层
L2095
L2096
L1804
红层
L1805
①
L1806
②
L1807
L1808
③
④
L1809
L1813
L1810
⑤
L1811
文化层
L1812
⑥
L1814
⑦
L1815
L1816
⑧
L1817

6 第 1 地点测年取样

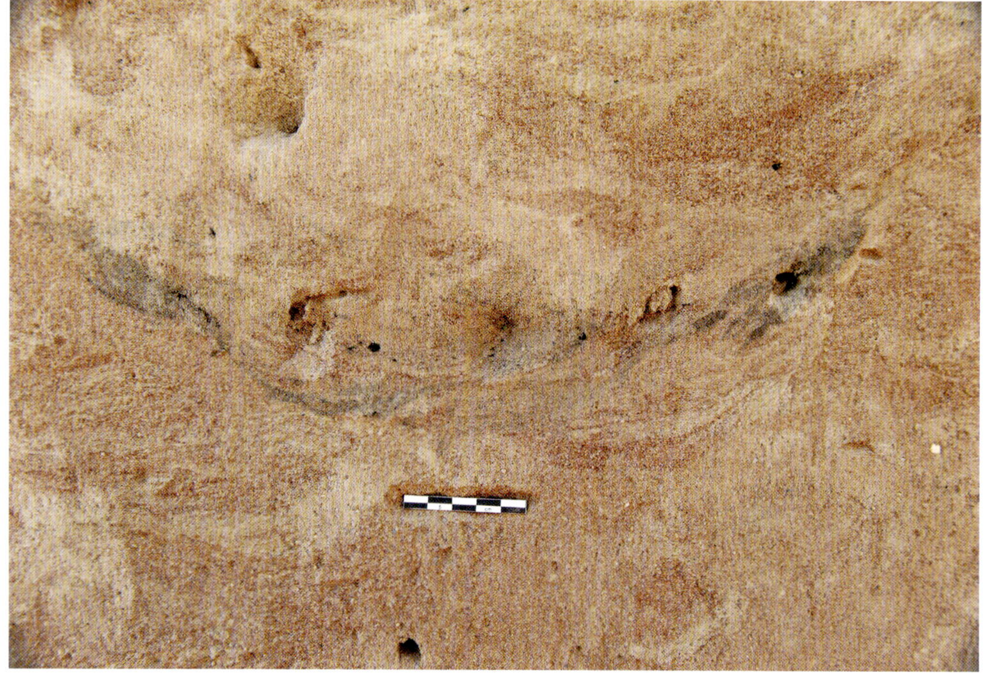

7 第 1 地点试掘发现的火塘遗迹平面（HT1）

8 第 1 地点发现的火塘遗迹剖面（HT3）

9　第 1 地点遗物出土情况（2010 年第一次试掘）

10　第 1 地点遗物出土情况（2013 年）

11 第 1 地点披毛犀骨架埋藏情况

12 披毛犀骨架刚出露状态

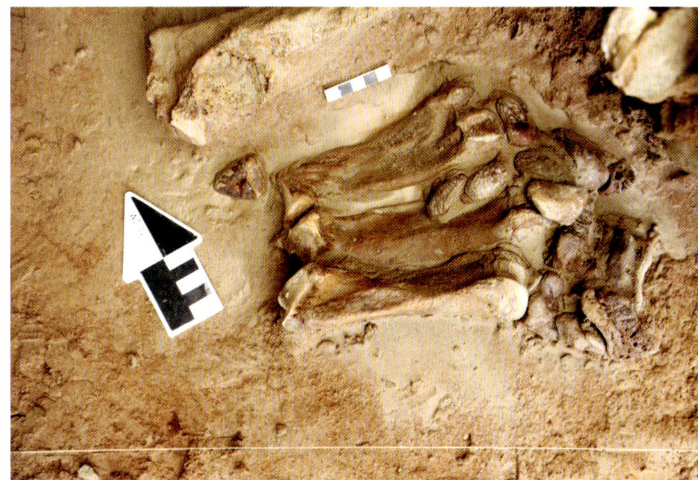

13　披毛犀骨架化石出土情况

14　15　披毛犀头骨出土情况

披毛犀完整左前脚掌出土情况

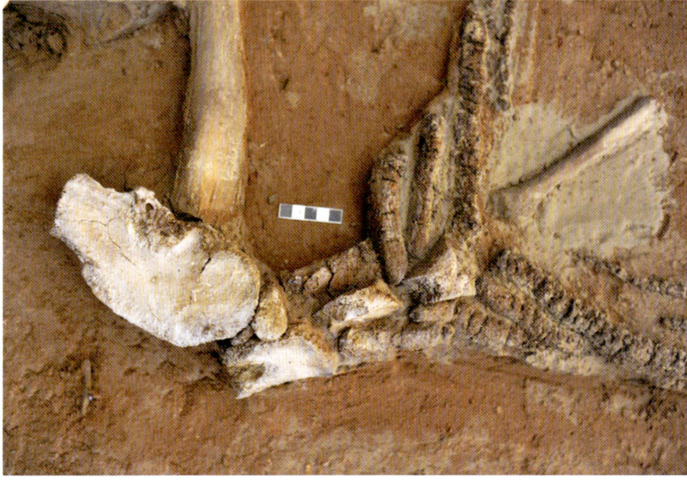

16 披毛犀完整肋软骨化石出土情况

17 18 披毛犀肋软骨细部

披毛犀肋软骨细部

19 披毛犀肋软骨化石的清理

20 披毛犀骨架化石的清理

21 披毛犀骨架化石的现场保护

22 第 2 地点发掘前（2011 年）

23 第 2 地点探沟剖面（2011 年）

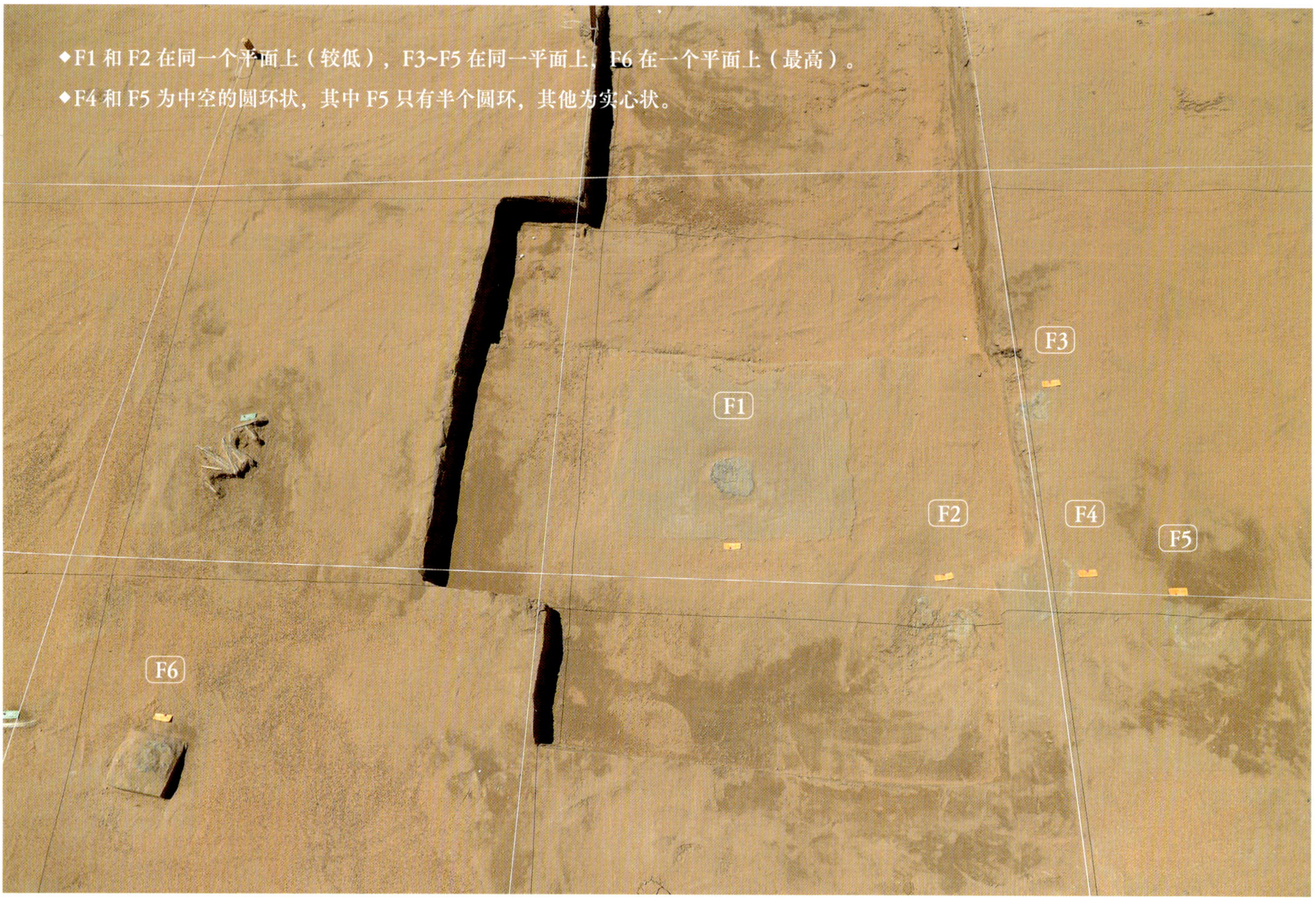

◆F1 和 F2 在同一个平面上（较低），F3~F5 在同一平面上，F6 在一个平面上（最高）。
◆F4 和 F5 为中空的圆环状，其中 F5 只有半个圆环，其他为实心状。

F1
F2
F3
F4
F5
F6

24 第 2 地点发现的疑似披毛犀脚印化石

25 疑似披毛犀脚印化石（F1）近景

26 第 2 地点大型动物群脚印和植物遗迹化石面（上为北）

27 脚印和植物遗迹化石鉴定

28 第 3 地点探沟剖面（2012 年）

29 第 3 地点发掘场景

30 第 3 地点揭露的砾石堆积

31 第 3 地点出土动物化石

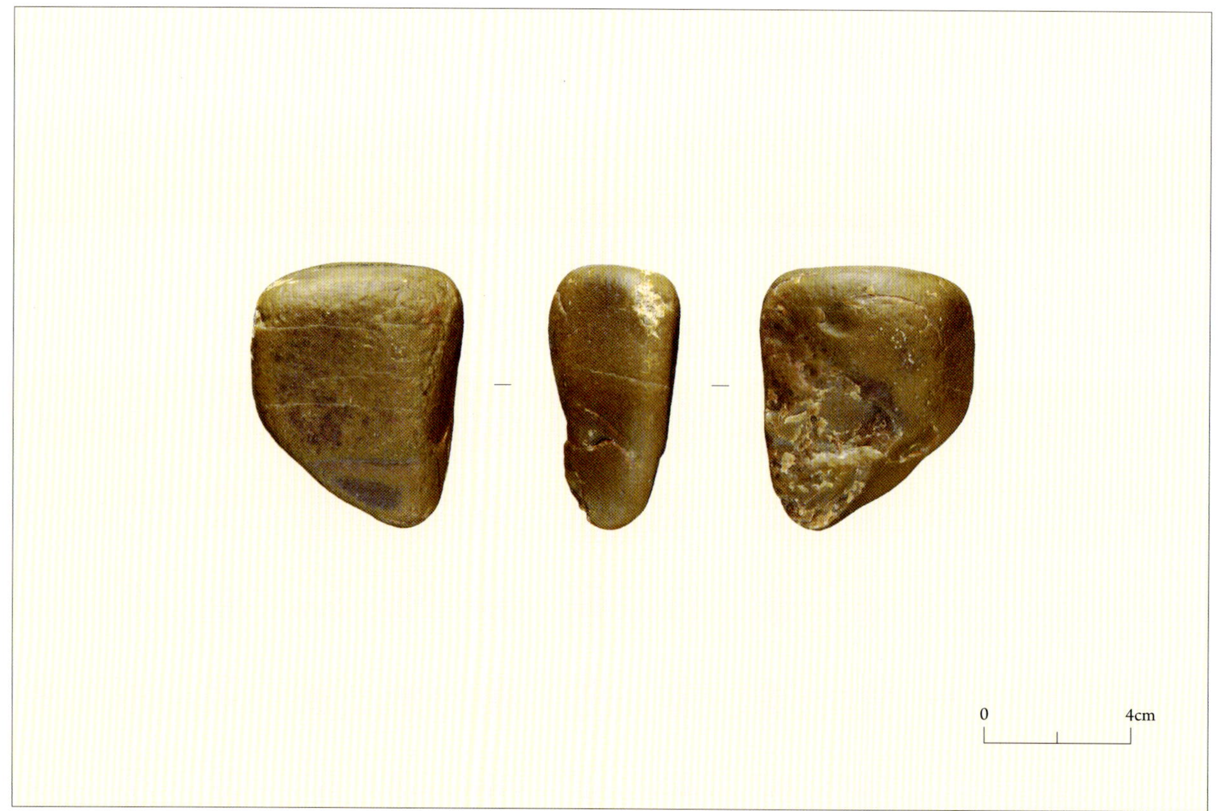

32 石锤（OKW④33-1）

33 石锤（OKW⑧15-1）

34 砸击开料石核
（❶11KW1③1772 ❷11KW1②1436 ❸12KW1⑥242 ❹KBS②S247 ❺11KW1②1651）

35 砸击制品（❶12KW1 ⑧ 1509 ❷12KW1 ⑧ 942 ❸12KW1 ⑧ 1319 ❹11KW1 ③ 321）

36 向心石核（OKW ⑦ N-2）

0 2cm

37 向心石核（OKW ⑧ 14-3）

38 向心石核（OKW ③ 4-1）

39 石核（OKW④3-1）

40 石核（OKW⑧2-1）

41 石核（OKW ② 255）

42 石核（OKW ③ 21-1）

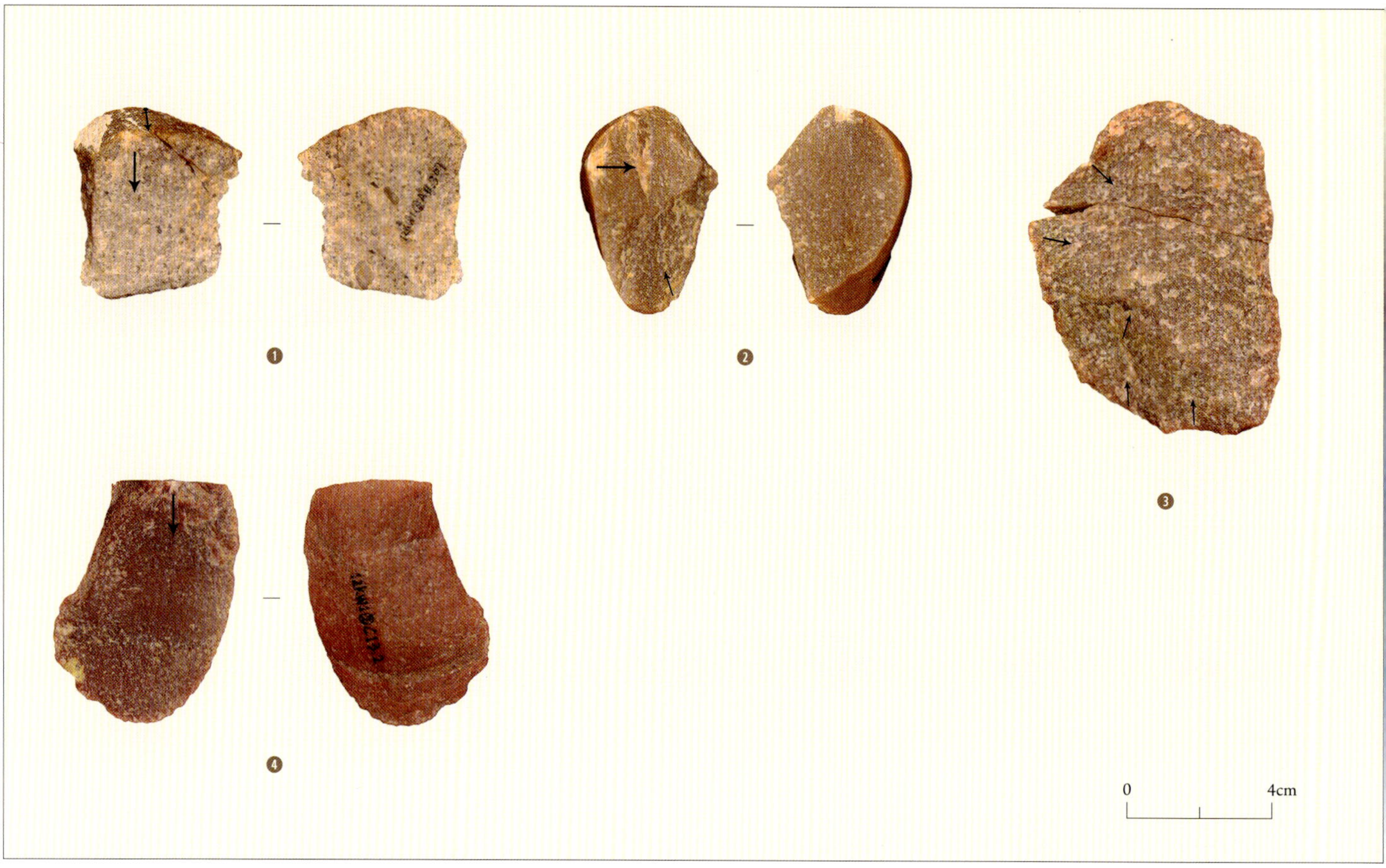

43 孔贝瓦石核（❶12KW1 ③ 307 ❷11KW1 ② 1550 ❸OKW ⑤ 9-3、9-1 拼合 ❹12KW1 ② 2）

44 孔贝瓦石片（❶11KW1 ② 2114 ❷11KW ② 148 ❸OKW ③ 85-4 ❹11KW ③ 175 ❺11KW1 ② 1549）

45 桌板（12KW1 ⑧ 1877）

46 修理台面石片（KBS10 ② 384）

47 带铤石镞（12KW⑥250）

48 石镞（11KW②109）

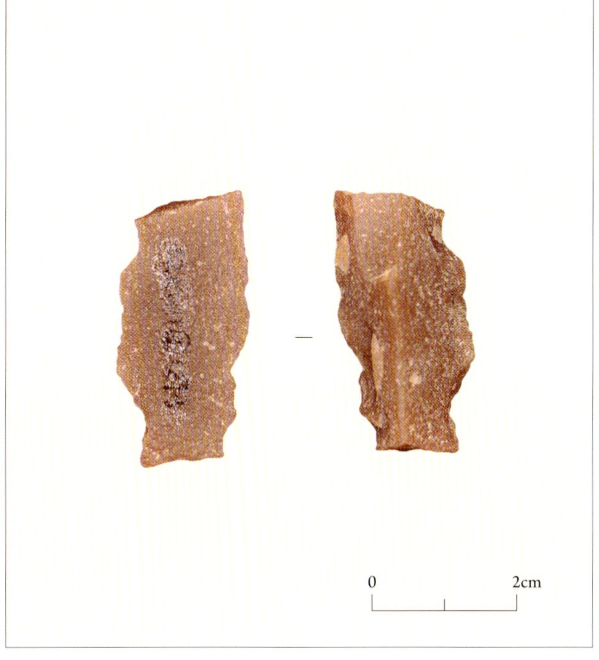

49 锯齿刃器（12KW1 ⑥ 257）

50 51 锯齿刃器（11KW ② 1684）

锯齿刃器（12KW1 ⑤ 273）

52 锯齿刃器（OKWN18-5）

53 54 锯齿刃器（OKW ⑤ 6-2）

锯齿刃器（OKW ② 21-3）

55 锯齿刃器（11KW ② 1633）

56 锯齿刃器（OKW ② 42-1）

57 锯齿刃器（11KW ② 1360）

58 锯齿刃器（OKW ⑧ 2-8）

59 锯齿刃器（OKW ⑦ 1-3）

60 锯齿刃器（OKW⑥27-3）

61 锯齿刃器（OKW⑥21-1）

62 锯齿刃器（12KW1 ③ 308）

63 锯齿刃器（OKW ⑤ 58-8）

64 锯齿刃器（OKW ⑥ 20-3）

65 锯齿刃器（OKW ⑤ 43-1）

66 锯齿刃器（OKW ④ 4-2）

67 锯齿刃器（OKW ③ 15-1）

68 刮削器 - 修理手握（KW11S26）

69 刮削器 - 修理手握（OKW ⑦ 17-7）

70 刮削器（OKW ⑦ 14-1）

71 刮削器（OKW ④ S57-3）

72 刮削器（12KW1 ⑧ 1247）

73 刮削器（OKW ② b149）

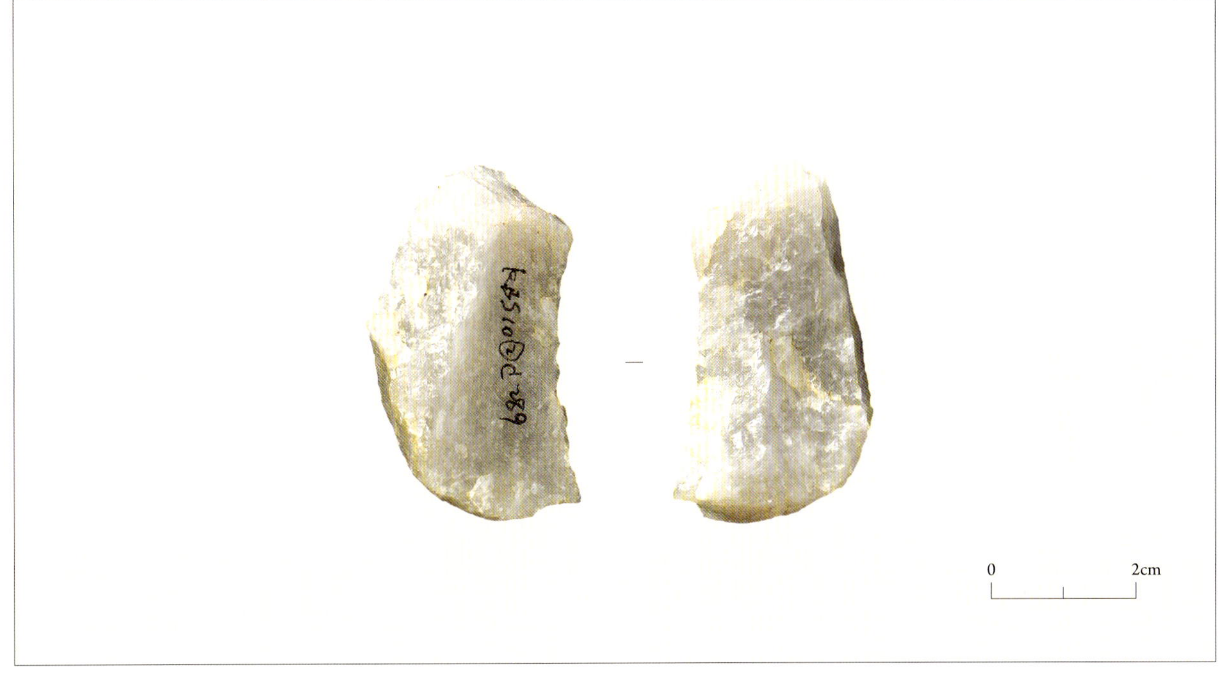

74 刮削器（OKW ② 14-1）

75 刮削器（OKW ② b289）

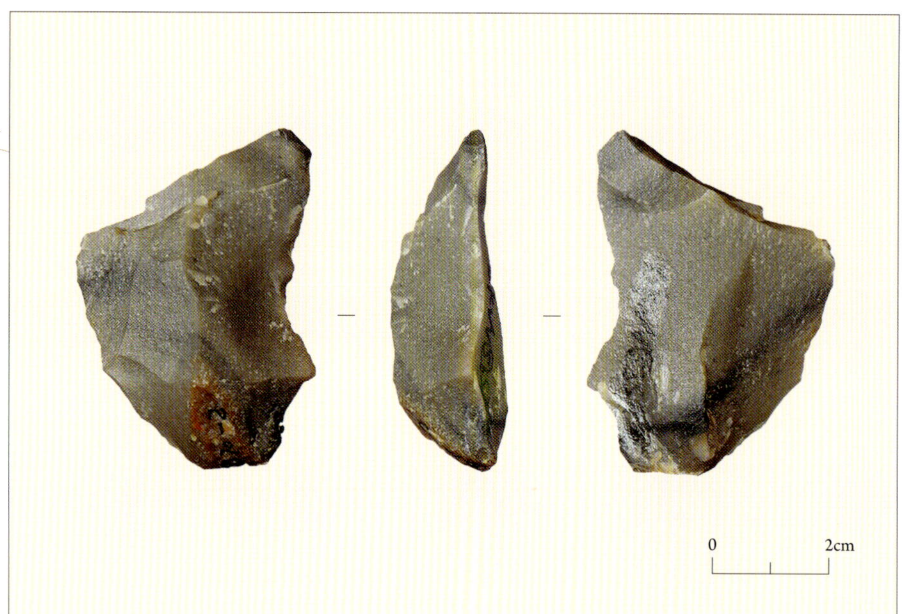

76 刮削器（OKW ⑤ 70-2）

77 刮削器（OKW ⑥ 16-4）

78 刮削器（14KW2 Ⅱb：19）

79 刮削器（OKW⑤61-8）

80 刮削器（14KW2：C1）

81 刮削器（OKW④21-4）

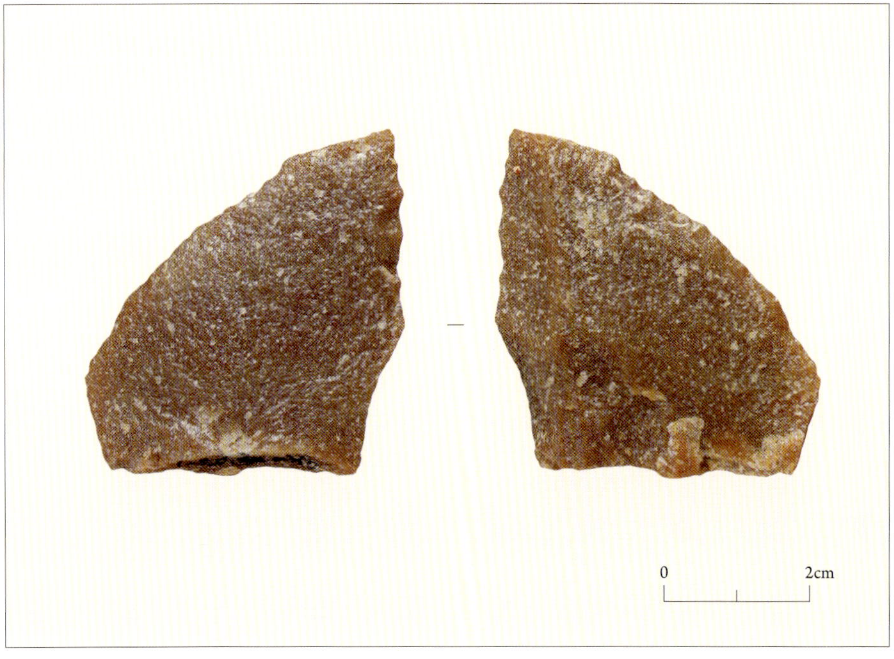

82 刮削器（OKW ⑤ N-3）

83 刮削器（OKW ⑦ 18-2）

84 刮削器（OKW ② 54-1）

85 凹缺器（11KW②114）

86 凹缺器（OKW④9-1）

87 凹缺器（OKW ⑦ N-5）

88 89 凹缺器（OKW ⑧ 2-10）

凹缺器（OKW ③ 41-3）

90 凹缺器（OKW ③ 40-3）

91 凹缺器（OKW ② 158）

92 凹缺器（11KW ② 2625）

93 尖状器（11KW ② 1604）

94 尖状器（OKW ⑤ 59-6）

95 尖状器（OKW ⑥ 26-1）

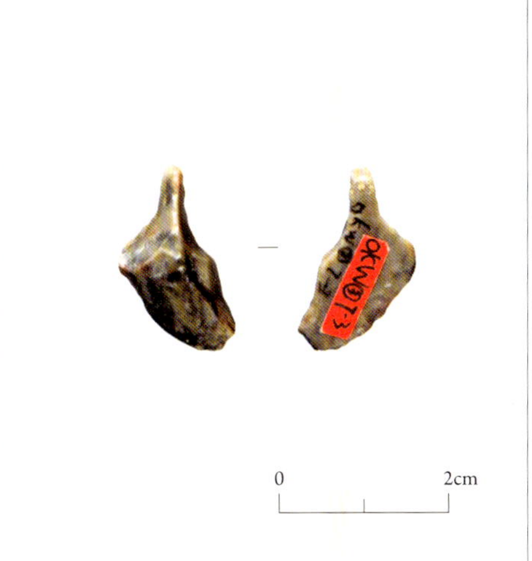

96　尖状器（OKW ② 25-5）

97　98　尖状器（OKW ⑤ 24-2）

尖状器（OKW ③ 7-3）

99 钻具（11KW ② 68）

100 钻具（OKW ⑦ 3-7）

101 石钻具（OKW ② 50-1）

102 石钻具（OKW ③ 38-6）

103 端刮器（OKW ② 31-5）

104 端刮器（OKW ④ 34-1）

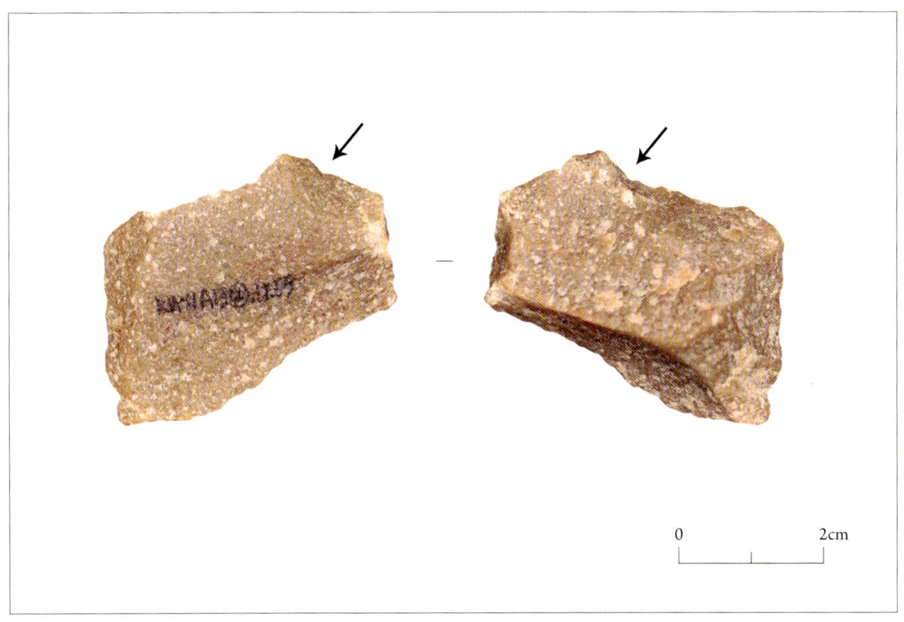

105 鸟喙状器（11KW ② 1255）

106 鸟喙状器（OKW ⑤ 26-1）

107 雕刻器（OKW-C19）

108 薄刃斧（11KW ② 2554）

109 薄刃斧（11KW ② 2436）

110 两面器粗坯（12KW1⑧341）

111 石球（KW11S22）

112 盘状器（OKW②5-1）

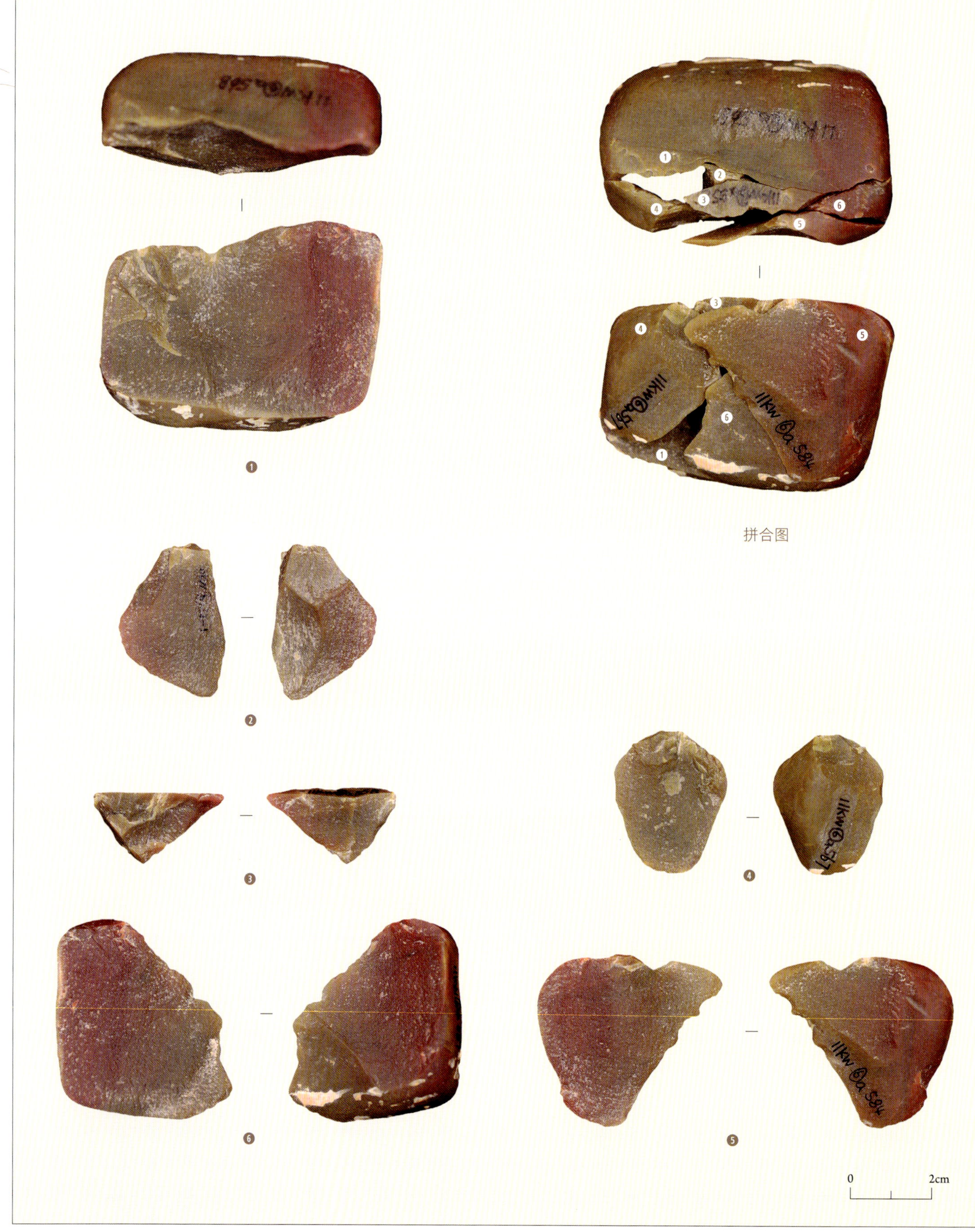

113 石制品第 1 拼合组
（❶ 11 KW⑥568 ❷ OKW⑥24-1 ❸ 11 KW⑥558 ❹ 11 KW⑥567 ❺ 11 KW⑥584 ❻ 11 KW⑥587）

114 石制品第 25 拼合组
（❶KBS 10②230 ❷KBS 10②145 ❸KBS 10②153 ❹KBS 10②318）

115 石制品第 2 拼合组
（❶KBS 10②65　❷KBS 10②121　❸KBS 10②150）

116 石制品第24拼合组
（❶KBS 10②192 ❷KBS 10②49）

117 石制品第 21 拼合组（❶KBS10 ② 330 ❷KBS10 ② 234）

118 石制品第 11 拼合组（❶OKW ⑤ 25-8 ❷OKW ⑤ 26-11）

119　石制品第 5 拼合组（❶KBS10 ② 338　❷KBS10 ② 340）

120　石制品第 28 拼合组（❶OKW ⑤ 9-3　❷OKW ⑤ 9-1）

121 凹缺器（OKW ④ G37-1）

122 刮削器（OKW ⑤ G37-11）

123 骨片（11KW ② c132）

124 骨片（OKW ③ G37-1）

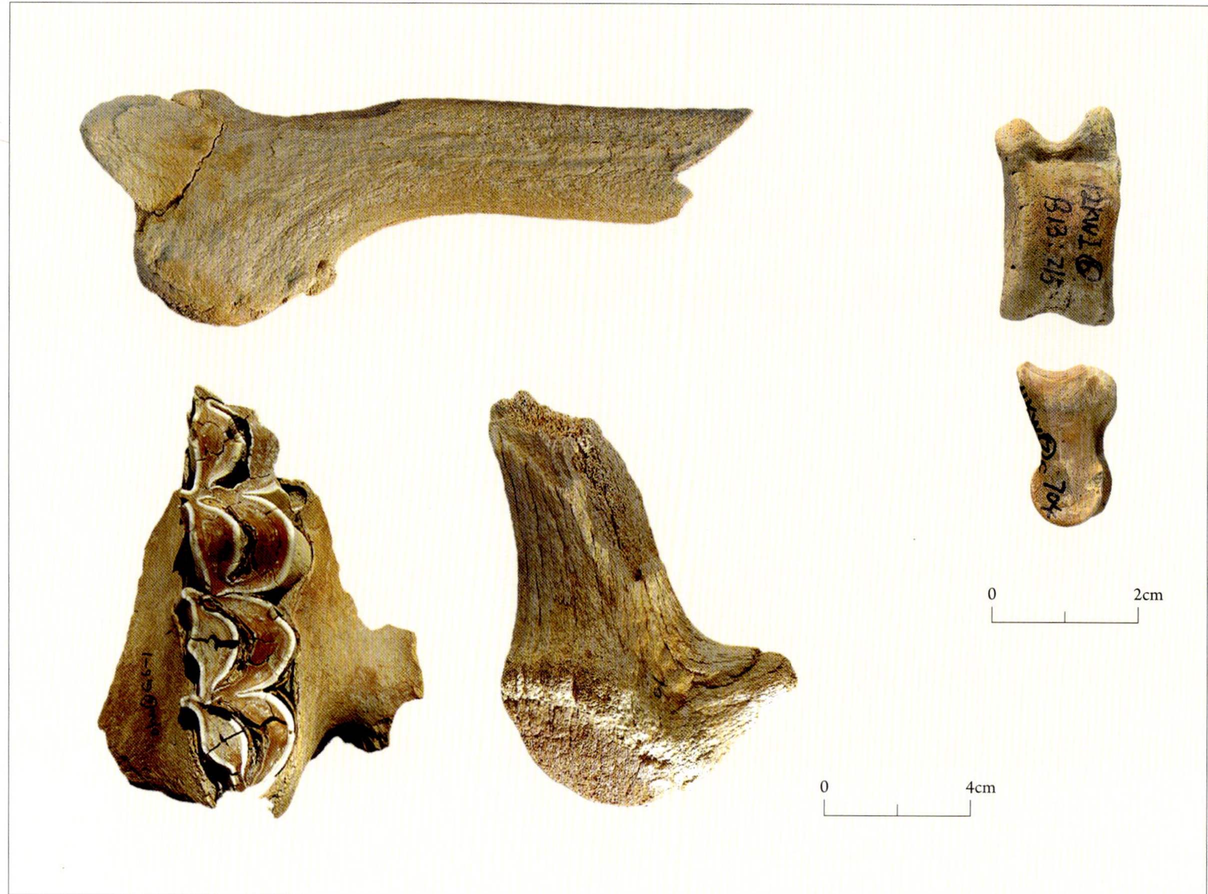

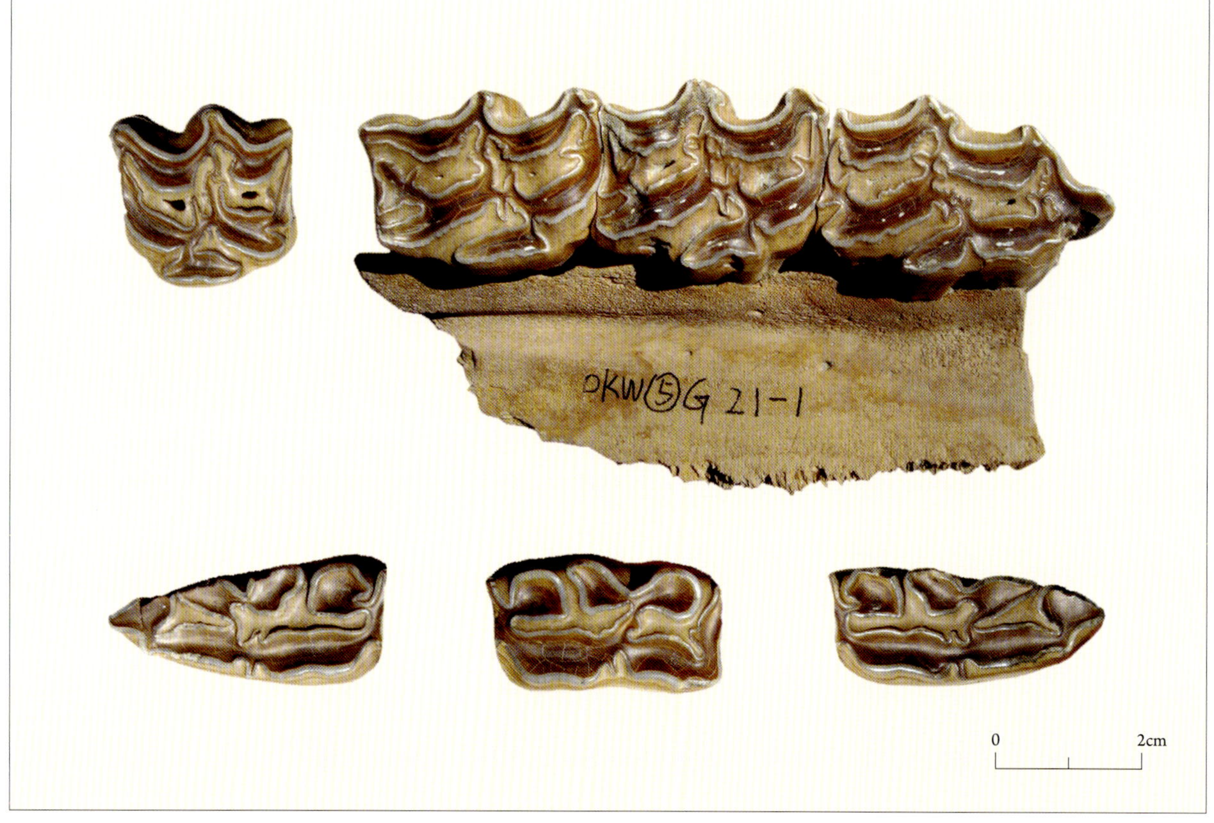

125 大角鹿化石

126 马化石

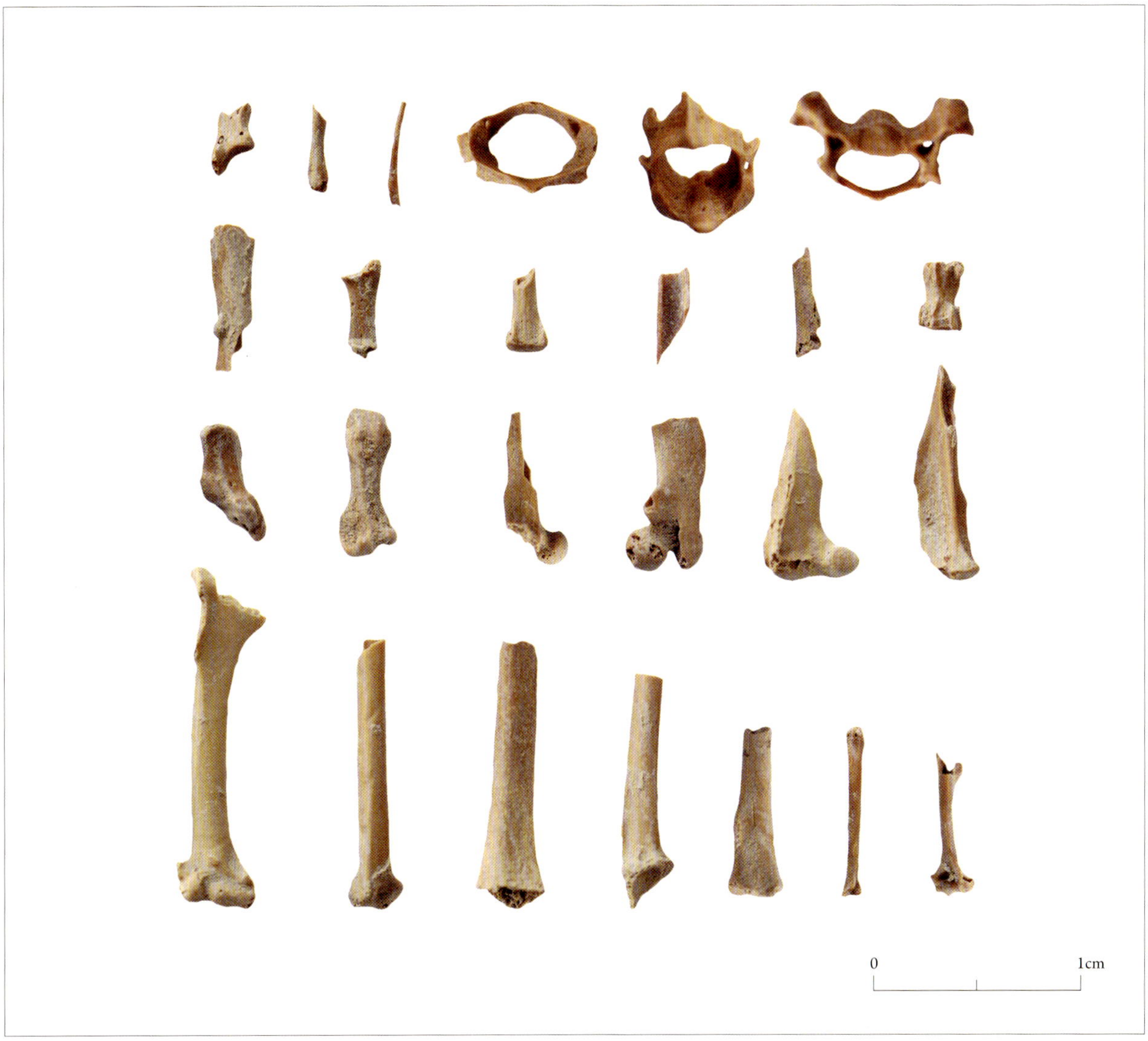

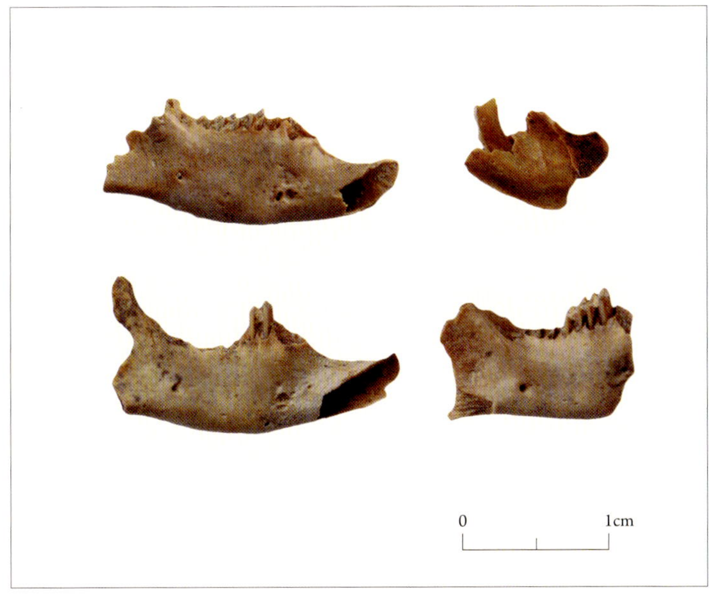

127 小动物肢骨、椎骨等化石

128 129 小动物下颌骨化石

鸵鸟蛋壳

第二部分

西乌兰木伦河
旧石器考古调查

乌兰木伦遗址的发现和发掘以及取得的重要考古收获，是促使考古工作者开展乌兰木伦河流域（调查开始没有注意到乌兰木伦河有东、西之分，并把工作目标主要放在了更像是主干道的西乌兰木伦河）旧石器考古调查的直接原因。最主要的考量有两个方面，一是乌兰木伦遗址出土大量的石英岩制品，需要寻找石料的来源；二是乌兰木伦遗址丰富的人类活动及文化遗物强烈暗示乌兰木伦河流域不应该只有这一处旧石器遗址。

于是，2011 年即乌兰木伦遗址开展工作的第二年，考古队员开展了西乌兰木伦河流域的第一次考古调查，从 5 月份入夏开始，陆陆续续一直持续到 12 月的冷冬。调查范围从乌兰木伦遗址溯源到河的源头，距离近 90 千米，涉及范围达 1200 平方千米。后在 2013 年和 2014 年又多次进行了补充调查。调查工作不仅解决了上述两个问题，确定了乌兰木伦遗址最近的原料场地，也确实找到了一大批新的旧石器地点。调查共发现旧石器地点 77 个，采集石制品近 2000 件，此外还有少量动物化石。

目前，西乌兰木伦河流域旧石器考古调查成果已整理完成并出版了翔实的考古调查报告〔1〕。因此，具体的调查经过、采用的技术方法路线和各个地点的标本情况等不再赘述。

但是有这么几点，编者认为有必要指出：

（1）西乌兰木伦河流域调查发现旧石器地点的分布具有一定的群聚成团现象。

（2）尽管受到后期侵蚀搬运影响，调查所采集标本已不能完整反映当时古人类的生活面貌，但是总的来看，这批石制品在一定程度上具备了石制品打制过程的大致面貌。石核、石片、工具等是一个基本完整的石制品组合。

（3）在石核剥片技术中，最有特点的是单向剥片的向心石核。该类石核有一个不经修理的平整台面，由此台面剥片一周，并且剥片过程中一直能保持好的剥片角度以及有意对剥片脊的利用。此外还有数量较多的盘状石核。这都属于典型的预制行为。该类石核在乌兰木伦遗址也有发现，研究者曾有意指出以之为代表的预制剥片技术的成熟可以是中国旧石器时代中期的重要标志〔2〕。

（4）尽管各个地点石制品在数量和类型上都有差异，但是总体上看，工具类型在构成上是以锯齿刃器、刮削器和凹缺器为代表的石器工业组合。这一组合形式与乌兰木伦遗址相似。

---

〔1〕 鄂尔多斯市文物考古研究院、中国科学院古脊椎动物与古人类研究所、中山大学社会学与人类学学院：《鄂尔多斯乌兰木伦河流域旧石器考古调查与试掘报告》，科学出版社，2022年。

〔2〕 刘扬：《鄂尔多斯乌兰木伦遗址石器工业》，中国科学院大学博士学位论文，2013年。

（5）在工具的分类过程中，有一类尺寸较大且有明显加工痕迹的标本，不得不将其归为砍砸器。这在北方小石器工业体系中是少见的。可能与原料丰富程度有关。

（6）工具类型中有两类加工精致者不能不引起注意。一是两面精修且去薄的两面器，一是单面精致修理的刮削器。加工技术可能采用了软锤法。对于两面器，需要强调的是，在乌兰木伦遗址也发现有两面器粗坯，尺寸均较小。对于单面精修的刮削器，国内鲜见报道，在新疆吉木乃县通天洞、内蒙古赤峰三龙洞以及鄂尔多斯东北部张森水先生的调查中有过发现。通天洞遗址该类标本所在地层的年代为距今 4.5 万年〔1〕，属于旧石器时代中期，是典型的莫斯特文化器类。

（7）调查采集石制品中，不能不注意到典型的石叶和细石叶标本。虽然没有发现石叶石核以及细石叶石核，但是本次发现已足够典型。这两类标本在技术、文化和年代上具有较强的指示意义。石叶技术所代表的人群迁徙这里不做过多讨论。从年代上讲，细石叶应该至少是旧石器晚期的文化遗物。这也是我们在报告中将这批调查标本的时代推测为旧石器晚期的重要考量。

（8）现在看来，西乌兰木伦河流域调查标本可能是多个时期不同文化石制品的混合体，至少存在旧石器中期和晚期两个时段。除了典型器物外，其他均难以区分年代关系。不过，这正应了本书编者对乌兰木伦河流域 6 万年以来人类活动繁华之考量。

〔1〕 新疆文物考古研究所、北京大学考古文博学院：《新疆吉木乃县通天洞遗址》，《考古》2018 年第 7 期。

1 西乌兰木伦河

2　西乌兰木伦河地貌景观（WI10）

3　西乌兰木伦河地貌景观（WI10 对岸）

4 西乌兰木伦河地表砾石和石制品分布（WI20）

5 调查采集石制品（WI19）

6 西乌兰木伦河调查场景（夏）

7 西乌兰木伦河调查场景（冬）

8 石片石核（11WI8-C5）

9 10 向心石核（11WI1-C2）

石核（11WI7-C21）

11 石核（11WI10-C13）

12 石核（11WI18-C9）

13　石核（11WI10-C186）

14　石核（11WI10-C179）

15　石核（11WR53-C3）

16 石核（11WR27-C2）

17 石核（11WI14-C14）

18 砸击石片（11WI10-C223）

19 砸击石片（11WR14-C12）

20 石片（11WI18-C50）

21 石片（11WI10-C175）

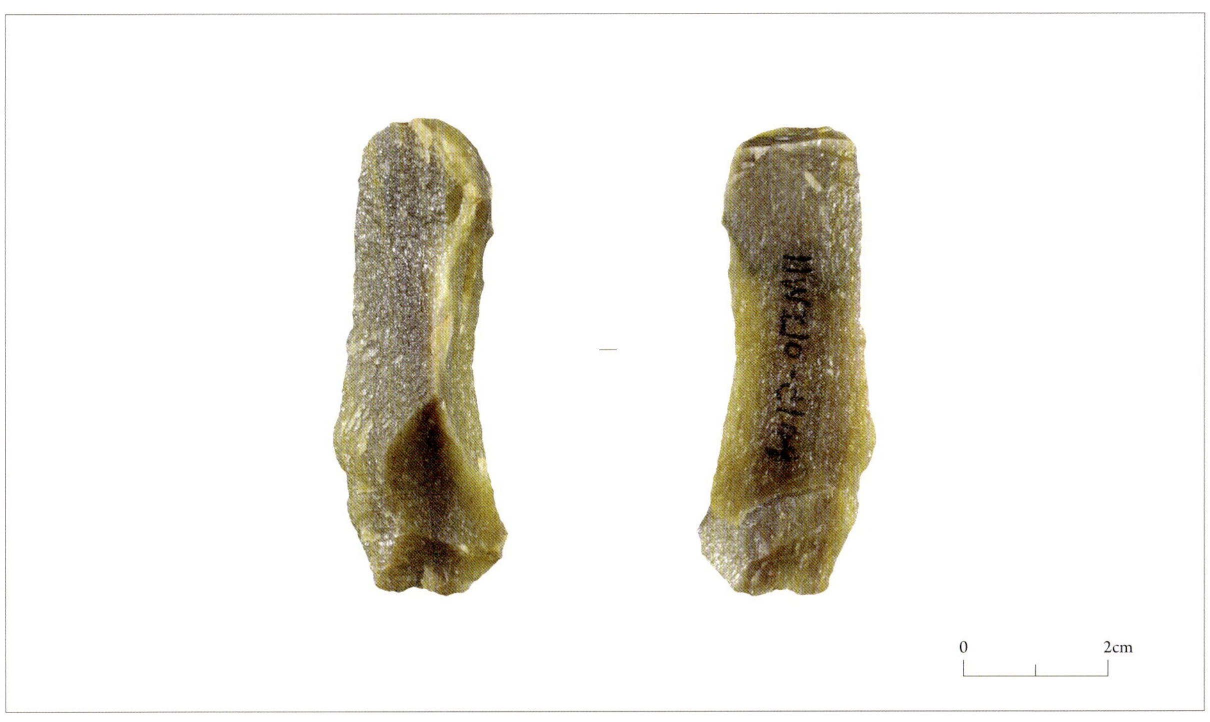

22 石叶（11WI10-C149）

23 石叶（11WI18-C33）

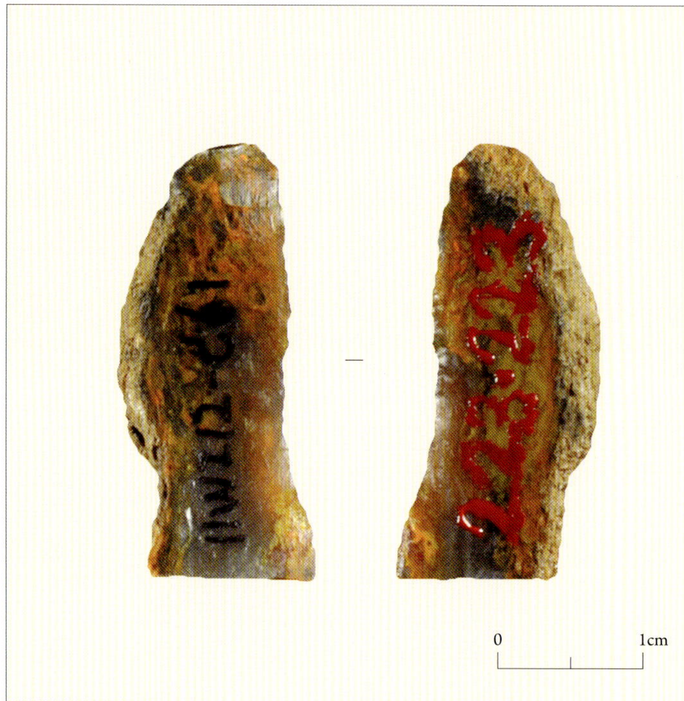

24 细石叶（11WR38-C15）

25 细石叶（11WI12-C61）

26 两面器（11WI10-C197）

27 两面器（11WI12-C27）

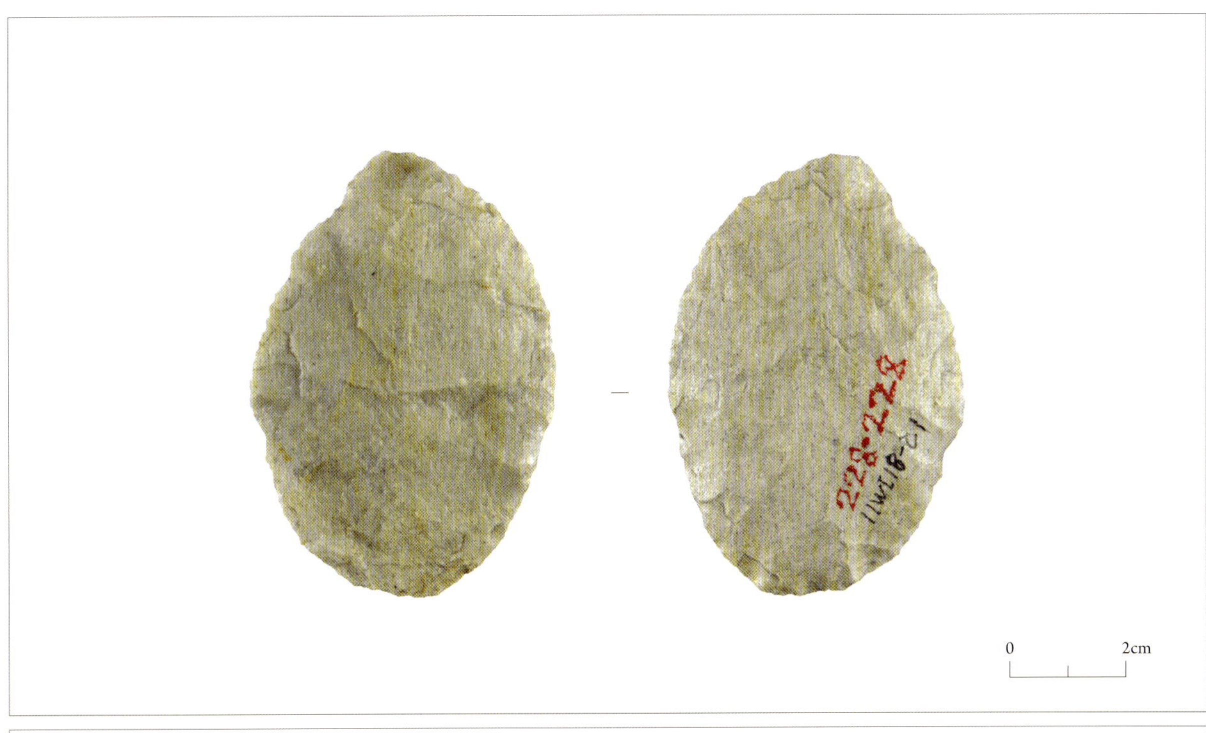

28 两面器（11WI18-C1）

29 两面器（11WR36-C1）

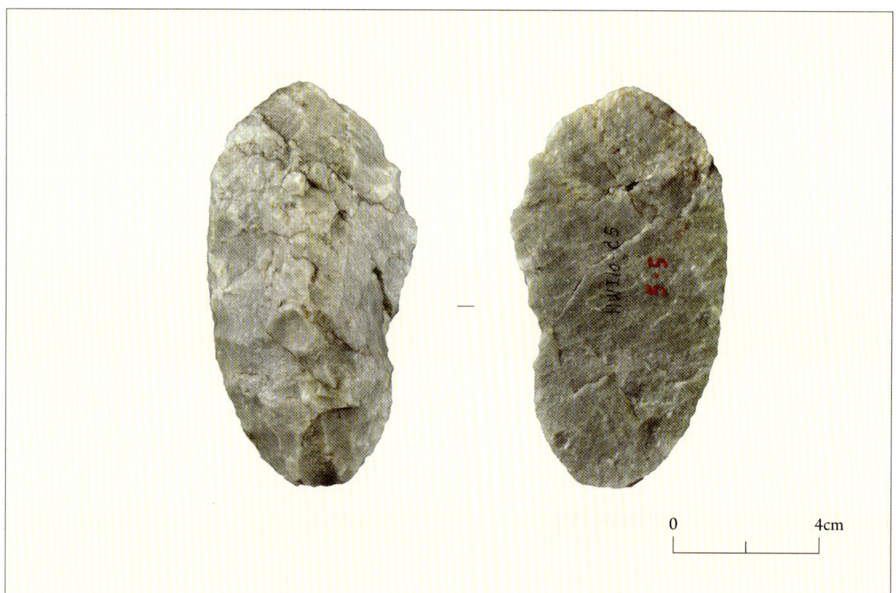

30 矛头（11WI10-C172）

31 刮削器（11WI10-C5）

32 刮削器（11WI20-C35）

33 刮削器（11WI10-C157）

34 刮削器（11WI20-C67）

35 刮削器（11WI9-C15）

36 37 刮削器 - 修理手握（11WR36-C7）

刮削器 - 修理手握（11WR31-C13）

38 刮削器（11WI19-C17）

39 刮削器（11WR16-C7）

40 刮削器（11WI2-C6）

41 刮削器（11WI20-C64）

42 刮削器（11WR45-C14）

43 刮削器（11WR26-C3）

44 刮削器（11WR54-C4）

45 刮削器（11WR40-C5）

46 刮削器（11WR42-C3）

47 刮削器（11WR37-C4）

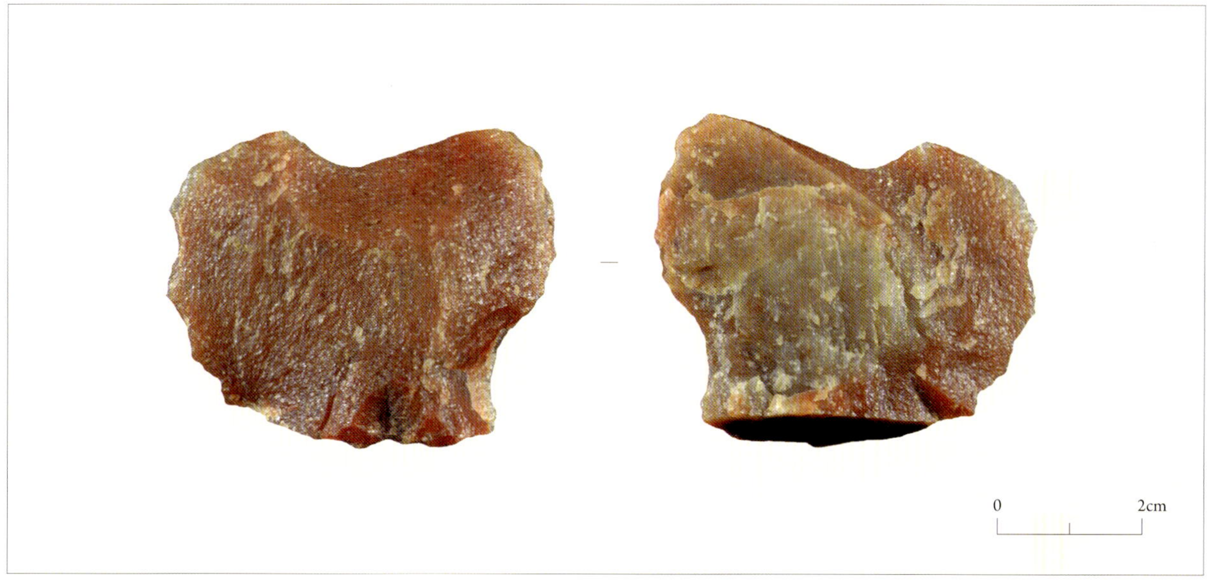

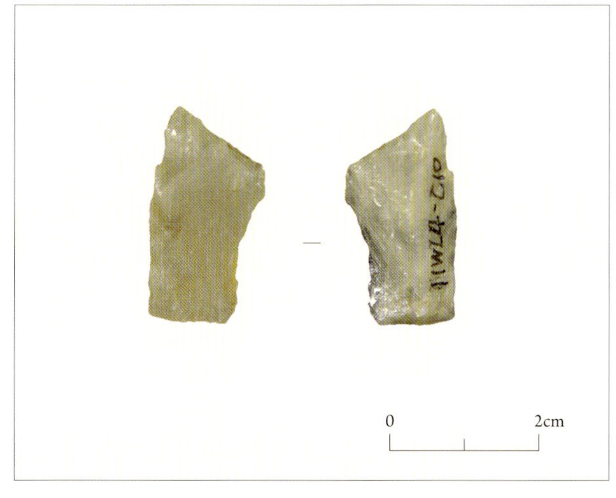

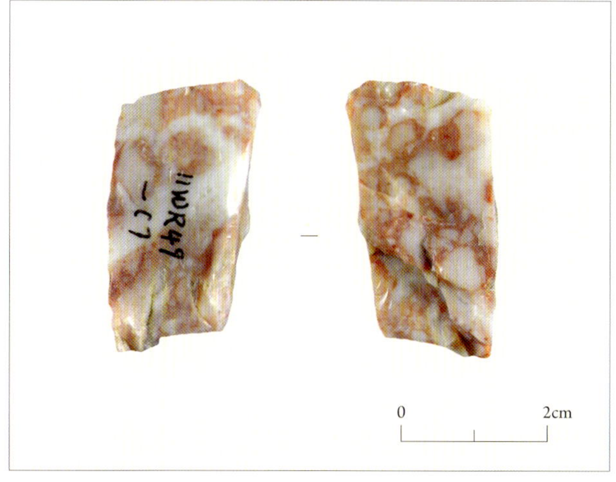

48 刮削器（11WI10-C243）

49 刮削器（11WI12-C13）

50 51 刮削器（11WI4-C10）

刮削器（11WR49-C7）

52 石镞（11WR34-C4）

53 锯齿刃器（11WI10-C104）

54 锯齿刃器（11WR50-C6）

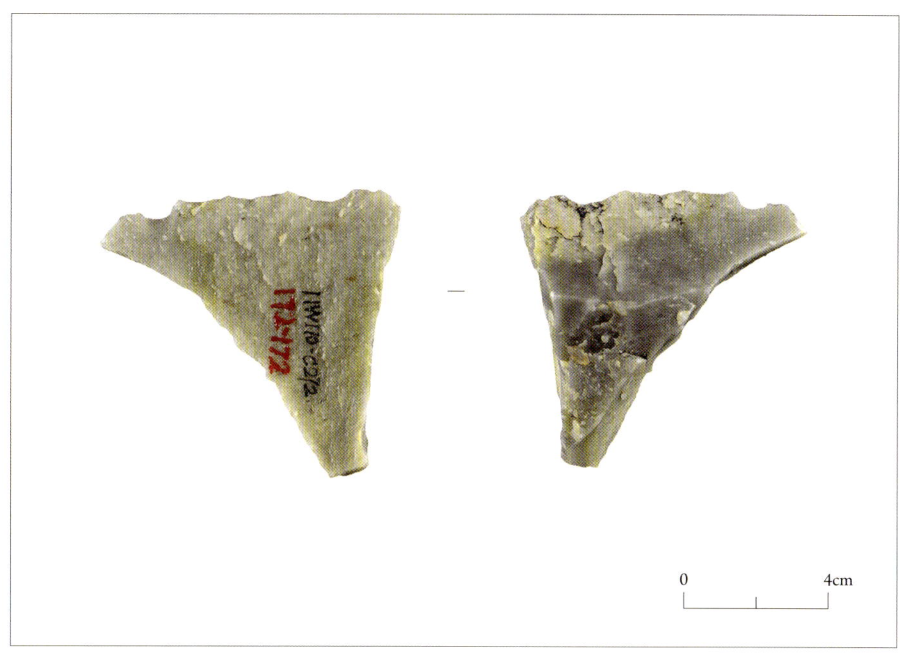

55 锯齿刃器（11WI10-C272）

56 锯齿刃器（11WI18-C47）

57 锯齿刃器（11WR35-C6）

58 锯齿刃器（11WI10-C123）

59 锯齿刃器（11WI5-C8）

0
4cm

60 锯齿刃器（11WR15-C19）

61 锯齿刃器（11WR22-C2）

62 锯齿刃器（11WR45-C1）

63 锯齿刃器（11WI18-C2）

64 锯齿刃器（11WI19-C55）

65 锯齿刃器（11WI12-C81）

66 锯齿刃器（11WI11-C11）

67 锯齿刃器（11WI20-C40）

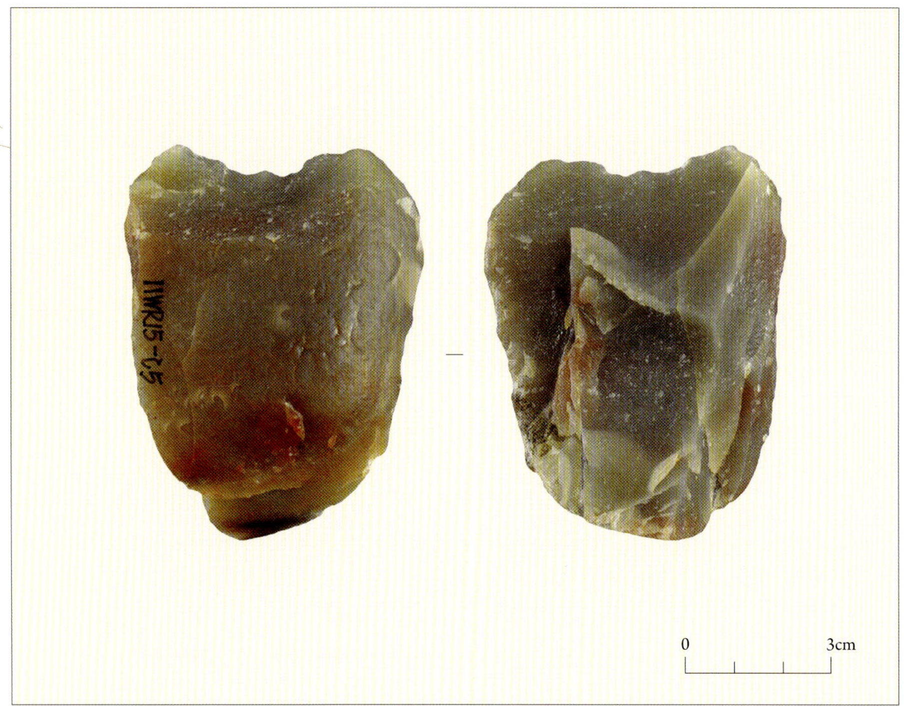

68 凹缺器（11WR15-C5）

69 凹缺器（11WR46-C6）

70 凹缺器（11WI14-C9）

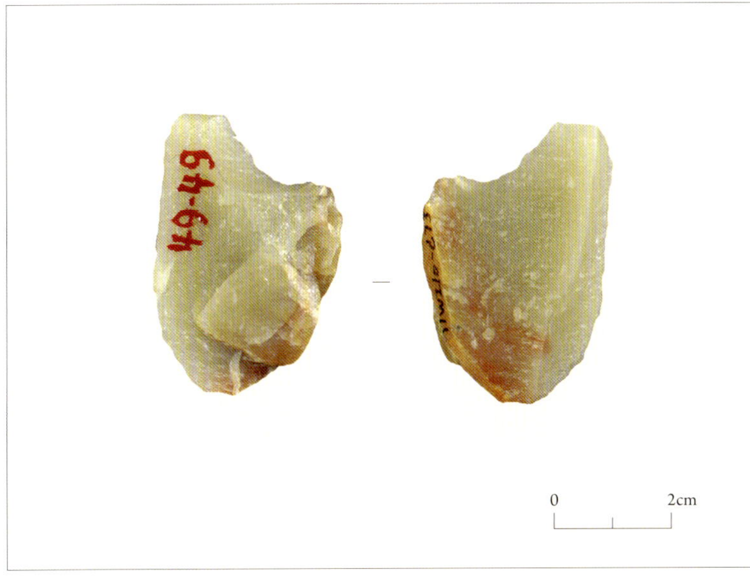

凹缺器（11WR43-C8）

71 72 凹缺器（11WR38-C14）

73 74 凹缺器（11WI10-C73）

凹缺器（11WI12-C93）

75 砍砸器（11WI7-C32）

76 砍砸器（11WI9-C20）

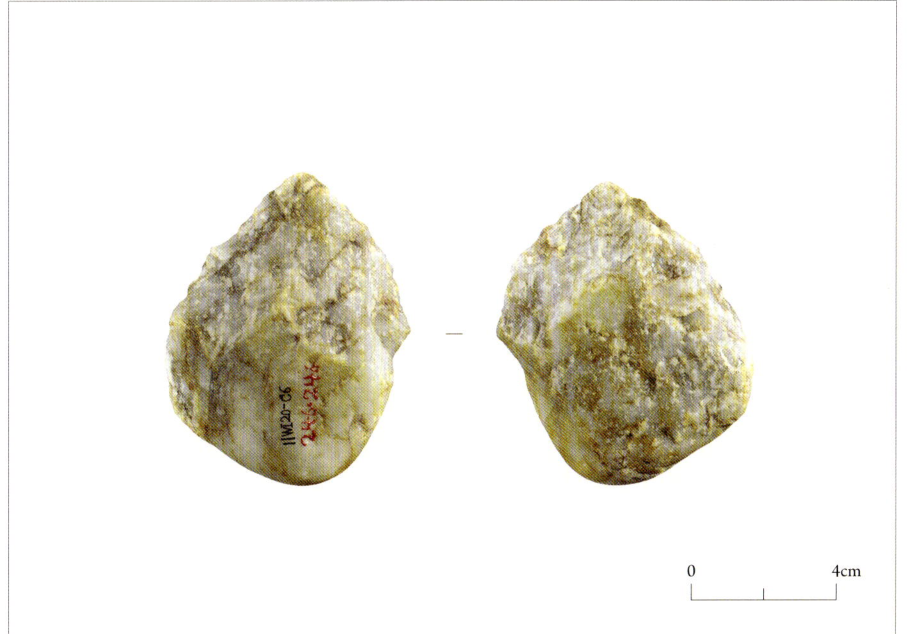

77 砍砸器（11WI14-C1）

78 砍砸器（11WI20-C6）

79 砍砸器（11WI20-C13）

80 砍砸器（11WI20-C81）

81 砍砸器（11WR18-C1）

82 砍砸器（11WR13-C1）

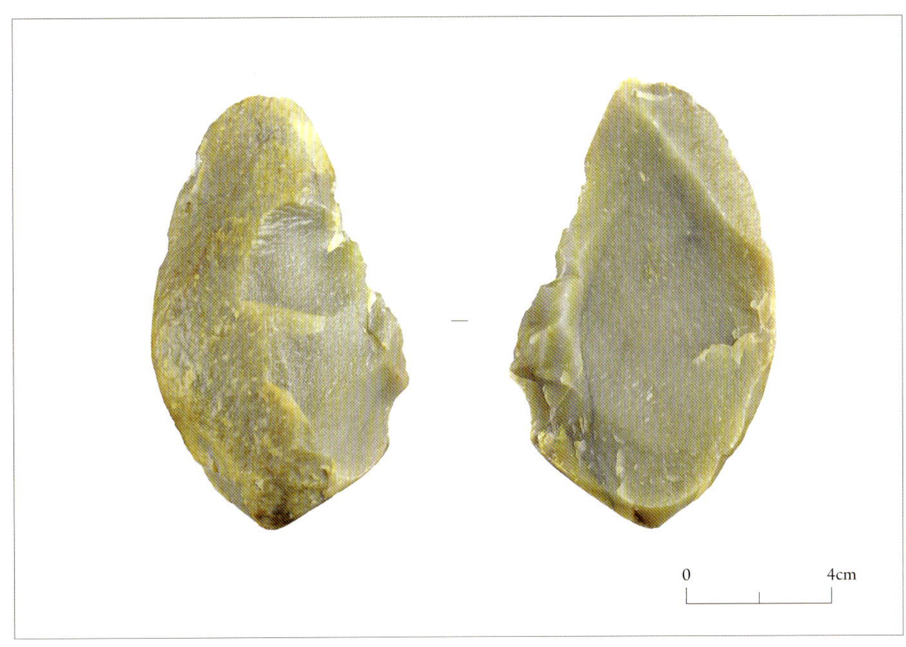

83 砍砸器（11WR10-C3）

84 砍砸器（11WR27-C3）

85 砍砸器（11WR52-C2）

86 钻具（11WI19-C91）

87 钻具（11WI10-C42）

88 钻具（11WR15-C1）

89 钻具（11WR15-C7）

90 鸟喙状器（11WR45-C39）

91 鸟喙状器（11WI10-C220）

92 鸟喙状器（11WI13-C7）

93 尖状器（11WR49-C2）

94 95 端刮器（11WI10-C187）

琢背石刀（11WI18-C6）

第三部分

西乌兰木伦河
第 10 地点试掘

第10地点（WI10）位于鄂尔多斯市伊金霍洛旗阿勒腾席热镇掌岗图村七社，东南距乌兰木伦遗址约9.3千米，是西乌兰木伦河流域调查发现的唯一一处有地层残存的地点。

该地点于2011年调查发现，是所有调查点中石制品数量最多和最精致的地点。尽管乌兰木伦河沿岸第四纪堆积剥蚀严重，难以保存和发现原生地层，但正是考虑到第10地点石制品数量丰富、精制品较多，考古队员于2013年8～9月对其进行了多次复查，并在山沟的坡积黄土剖面发现了3件具有人工打制痕迹的石制品。为了进一步确认地层堆积的性质和石制品的埋藏情况，于2013～2014年对该地点进行了两次试掘，获得了一定数量的石制品。相关考古收获已以简报形式发表[1]。

主要试掘收获和认识可以简要说明如下：

（1）通过在距山顶由远及近的A、B、C共3个区域分别进行布方，以了解山坡不同部位黄土堆积中石制品在埋藏、数量、类型等方面的差异。结果显示，石制品的垂直分布表现出与坡积黄土堆积一致的自北向南倾斜状态；离山顶越远，标本滚动距离越长，石制品磨蚀数量和严重程度也越高。这就实证了该地点二次埋藏的堆积性质。

（2）发掘所获石制品原料以石英岩为主，其次为石英，少量燧石。显然是受到了原料场地的限制，属于典型的就地取材。尺寸以小型和微型为主。类型有石核、石片、工具和断块，存在一个完整的石制品组合。

（3）石核剥片方法主要有锤击法和砸击法，以前者为主。从石核片疤数量以及石片背面片疤数量等方面来看，石核的利用率较低。

（4）工具类型较为简单，主要有锯齿刃器、刮削器、凹缺器等。这与乌兰木伦遗址以及调查石制品的总体工业面貌是相似的。毛坯以片状为主，大部分可分辨出石片特征。也有少量工具为砾石毛坯。均采用锤击法修理。

（5）值得单独提到的是2件带铤石镞的发现，其与乌兰木伦遗址发现的同类工具可对比，也是对乌兰木伦遗址出土同类标本极佳的材料补充。这种工具类型有一个尖状形态且器身专门修理用于捆绑的柄部，在旧石器时代中期开始出现，并一直延续到新石器时代。其在非洲北部出现的年代最早为14.5万年。此外，在印度、阿尔泰地区、俄罗斯远东、朝鲜半岛等地区均有发现。这些地区发现的带铤石镞年代早晚有序，可能代表该技术的传播路线，非常值得进一步探讨[2]。

---

〔1〕刘扬、杨俊刚、包蕾等：《鄂尔多斯乌兰木伦河第10地点初步研究》，《人类学学报》2021年第4期。

〔2〕刘扬：《鄂尔多斯乌兰木伦遗址发现带铤石镞及其对现代人迁徙研究的启示》，《中国文物报》2013年11月8日第6版。

（6）关于这批石制品的时代。由于该地点堆积结构以及标本的分布和保存状况都指示二次坡积堆积的性质，很难找到合适的测年样品，因此目前还没有确切的测年结果。但是，从以下几个方面考虑，可以推测其年代为旧石器时代中期偏晚阶段，可能与乌兰木伦遗址的年代相当：一是坡积黄土堆积本身非常单纯，没有发现任何晚期的堆积；二是出土的器物类型非常单纯，只有打制石器；三是大多数石制品表面有很强烈且较为年长的钙斑[1]；四是从石制品原料、大小、类型、工具加工方式等方面来看，其与相距不到10千米的乌兰木伦遗址具有很好的对比性，而与邻近较早的萨拉乌苏、较晚的水洞沟都不相似，与后期的新石器时代或更晚的遗址则更难以直接比较。

〔1〕 张森水：《内蒙中南部和山西西北部新发现的旧石器》，《古脊椎动物与古人类》1959年第1期。

1 第10地点试掘区分布

2 第 10 地点发掘现场

3 第 10 地点采样剖面

4 第 10 地点石制品出土情况

5 向心石核（14WI10C ： 207）

6 石片（14WI10B ： 51）

7 石片（14WI10C ： 460）

8 锯齿刃器（13WI10B①：1）

9 锯齿刃器（13WI10A4③：36）

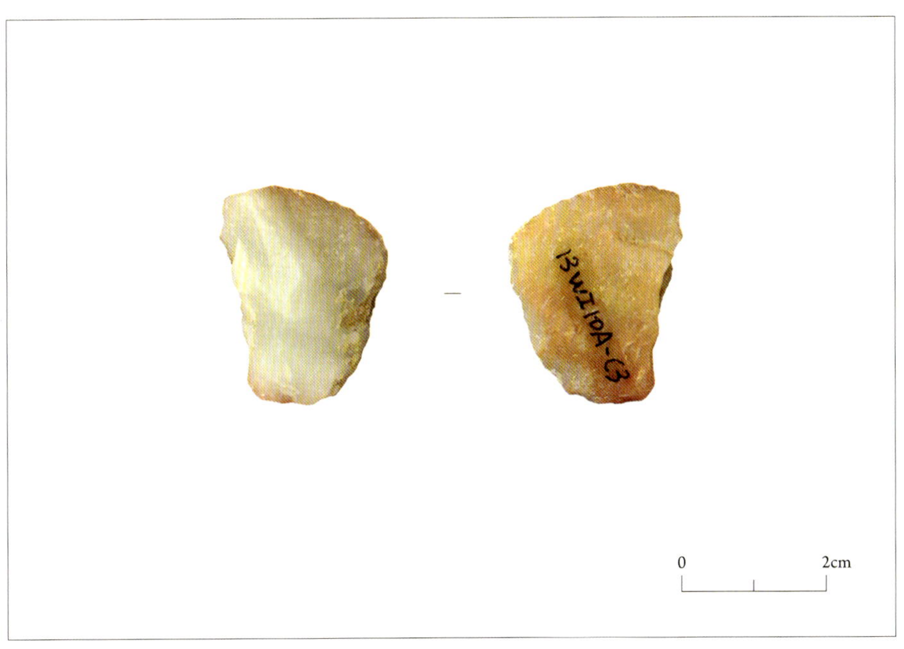

10 刮削器（13WI10A ∶ C3）

11 刮削器（13WI10A ∶ C2）

12 刮削器（13WI10A3③∶ 68）

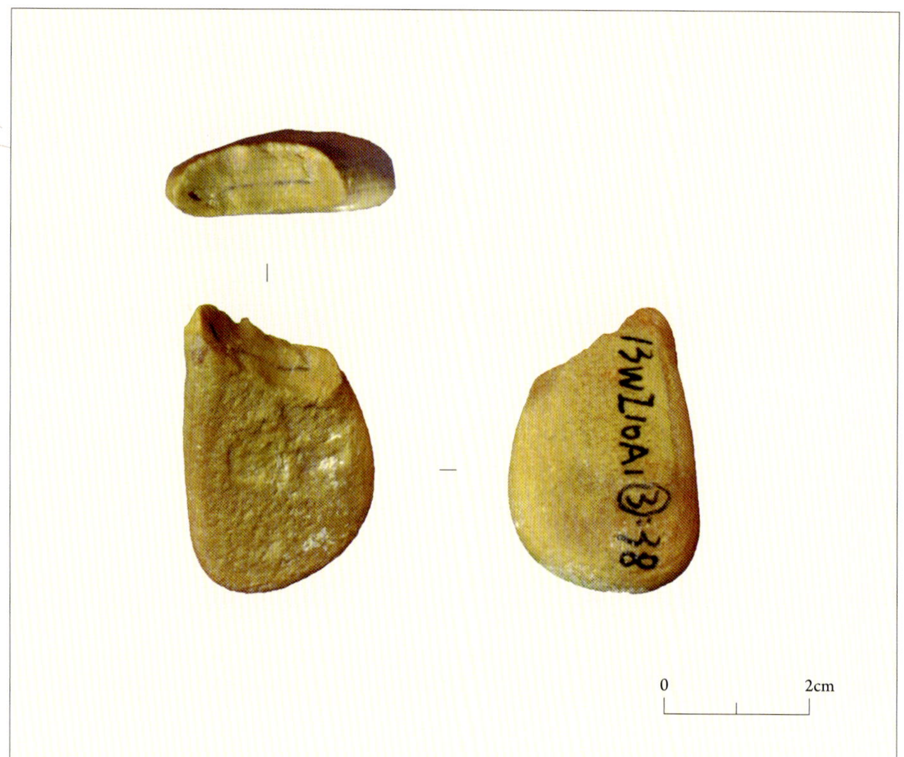

13 凹缺器（13WI10A1③：38）

14 凹缺器（13WI10A3③：56）

15　石镞（13WI10B①：7）

16　石镞（13WI10A4③：90）

第四部分

东乌兰木伦河旧石器考古调查

东乌兰木伦河流域的调查是偶然的。早在西乌兰木伦河调查的时候，考古工作者一直溯源至河流的源头，但对东乌兰木伦河没有能够重视，甚至都不曾注意。所以从 2011 年启动西乌兰木伦河流域旧石器考古调查到 2022 年，整整十余年时间，东乌兰木伦河都没有过正式的旧石器考古调查工作，其实就连 2022 年田野调查的开展都是在计划之外的。2022 年度鄂尔多斯旧石器考古调查初始计划是环鄂尔多斯的黄河沿岸，那里已经有了一定的工作基础。幸好，当考古队员注意到东乌兰木伦河并有意把整个乌兰木伦河流域的旧石器考古调查做完整的时候，调查工作开始了。一开始，调查是试探性的，采用掐头掐尾的跑法。先从东乌兰木伦河与西乌兰木伦河汇合处开始，因两岸完全被晚近沙土覆盖，没有任何发现；并转到东乌兰木伦河的源头，这里的地貌与西乌兰木伦河上游相似，地表砾石较多，石制品也不少。于是顺着往下跑，新发现越来越多。

显然，东乌兰木伦河的调查收获是必然的。本次调查一共发现旧石器地点 99 个，采集石制品近万件。惊喜的是，部分地点仍有少量地层保存，为解决这批材料最重要的年代问题提供了可能。且这些地点石制品的构成、分布保存较好，为探讨背后的古人类行为提供了较好的实物证据。

总的来看，东乌兰木伦河和西乌兰木伦河的旧石器考古调查结果具有很大的相似性。首先，地质地貌基本一致。越靠近河的源头，阶地越少，山顶与现在河面直上直下，往往比较陡峭，基岩砾石层较多；中部则河流阶地较多，最多有七级阶地，基岩砾石层也很多；再往下则又变成直上直下的地貌形态，但地表都被晚近的沙土覆盖，几乎见不到砾石。其次，旧石器地点的分布近乎一致。靠近源头地点少，石制品少；到河流中部旧石器地点分布密集，石制品也非常多；到被沙土覆盖之地，则不再有旧石器地点发现。这种分布可能与古人类对资源的利用有关，上游用水不方便，下游则没有石料可用。最后，调查发现石制品的面貌较为一致。在本书第二部分“西乌兰木伦河旧石器考古调查”中所指出的八个方面，基本能代表东乌兰木伦河调查石制品的大致情况。

但以下几点，编者认为有必要予以强调或者补充：

（1）旧石器地点分布的群聚成团现象，几乎是可以肯定的。目前可以看到影响这种群聚现象背后的原因，应该是上文提到的与古人类对资源主要是水和石料的利用有关。但群聚成团的文化背景则还需要进一步的研究。

（2）不可避免，东乌兰木伦河两岸第四纪堆积也受到严重剥蚀，大部分调查标本都属于地表采集。但在总的面貌上，基本具备了石制品打制过程的大致面貌，具有石核、石片、工具等一个基本完整的石制品组合。与西乌兰木伦河调查结果不同的是，东乌兰木伦河部分地点保存较好，不仅有一定的地层留存，地表俯拾即是的石制品无论是构成还是分布也基本能够反映古人类的原始活动，十分难得。

（3）单向剥片的向心石核发现数量更多，而且在一定程度上也更为精致。这不仅是对乌兰木伦遗址和西乌兰木伦河该类预制剥片技术石制品的重要补充，也反映了当时古人类对预制技术掌握和应用的成熟程度。

（4）总体上看，工具类型在构成上仍是以锯齿刃器、刮削器和凹缺器为代表的石器工业组合。这可能是整个乌兰木伦河流域古人类石器工业相一致的面貌。调查标本与乌兰木伦遗址出土标本，有相似但又有所区别。两者之间的关系问题，其背后是否与人群有关[1]，很值得也需要深入的研究。

（5）东乌兰木伦河流域发现大量单面精致修理的刮削器，其中又主要集中在第98地点（L98）。这也可能是目前国内集中发现数量最多也是地理分布最靠南的一批该类型的标本。对其加工技术、使用方式等编者拟有进一步的研究。其年代应该属于旧石器时代中期，是典型的莫斯特文化器类。与新疆吉木乃县通天洞、内蒙古赤峰三龙洞联系起来考虑，可能代表了这种技术和文化沿蒙古高原的线性传播。

（6）典型细石叶石核和细石叶的发现，再一次指示乌兰木伦河流域不仅在旧石器时代中期有古人类生存，到旧石器时代晚期同样如此。这表明，在深海氧同位素4阶段（MIS4）结束以来，大的气候环境由冷转暖，乌兰木伦河流域所在的鄂尔多斯是适合人类生存的。

（7）同样的，东乌兰木伦河流域调查标本也应该是多个时期不同文化石制品的混合体。如何从中有效区分旧石器中期和晚期这两个时段，还要做很多的工作。同样的，这也正是乌兰木伦河流域6万年以来人类活动热闹繁华的生动反映。

---

〔1〕 刘扬、侯亚梅、杨泽蒙等：《试论鄂尔多斯乌兰木伦遗址第1地点的性质和功能》，《北方文物》2018年第3期。

1　东乌兰木伦河

2 东乌兰木伦河地貌景观

3 东乌兰木伦河地貌景观

4　东乌兰木伦河调查地表遗物分布情况

5　调查发现遗物埋藏情况

6 专家地貌考察

7 野外工作场景

8　石锤（22EDWL53 ： 593）

9　石锤（22EDWL53 ： 581）

10 向心石核（22EDWL7 ：15）

11 向心石核（22EDWL90 ：3）

12 向心石核（22EDWL85 ：119）

13　向心石核（22EDWL14 ：13）

14 向心石核（22EDWL53 ： 320）

15 向心石核（22EDWL53 ： 580）

16 向心石核（22EDWL53 ： 63）

17 向心石核（22EDWL58 ： 8）

18 向心石核（22EDWL83 ： 39）

19 向心石核（22EDWL56 ： 20）

20　向心石核（22EDWL91 ： 14）

21　向心石核（22EDWL83 ： 10）

22 向心石核（22EDWL25 ： 10）

23　向心石核（22EDWL20：3）

24　石核（22EDWL21：25）

25 石核（22EDWL17 ： 18）

26 27 石核（22EDWL21 ： 34）

砸击制品（22EDWL25 ： 13）

28　石片石核（22EDWL27 ： 17）

29　石片石核（22EDWL25 ： 1）

30 细石核（22EDWL98 ： 12）

31 细石核（22EDWL53 ： 585）

0
2cm

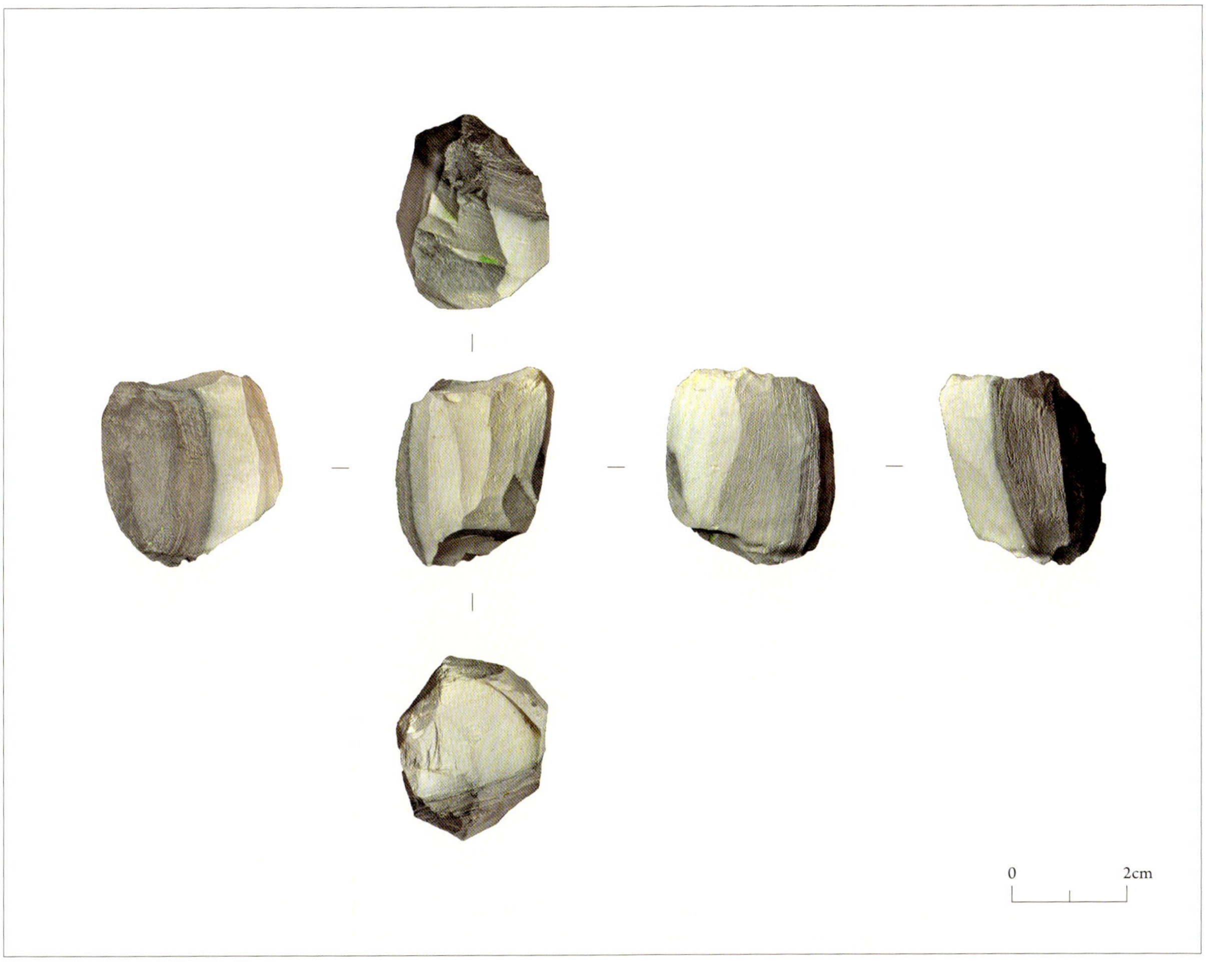

32 细石核（22EDWL98 ∶ 45）

33 细石核（22EDWL53 ∶ 584）

34 刮削器（22EDWL98 ∶ 7）

35 刮削器（22EDWL98 ： 11）

36 刮削器（22EDWL98 ： 10）

37 刮削器（22EDWL98 ：9）

38 刮削器（22EDWL98 ：8）

39　刮削器（22EDWL98 ：3）

40　刮削器（22EDWL98 ：4）

41 刮削器（22EDWL98 ：1）

42 刮削器（22EDWL9 ：4）

43 刮削器（22EDWL10 ： 35）

44 刮削器（22EDWL15 ： 17）

45 刮削器（22EDWL17 ： 4）

46 刮削器（22EDWL91 ：5）

47 刮削器（22EDWL18 ：56）

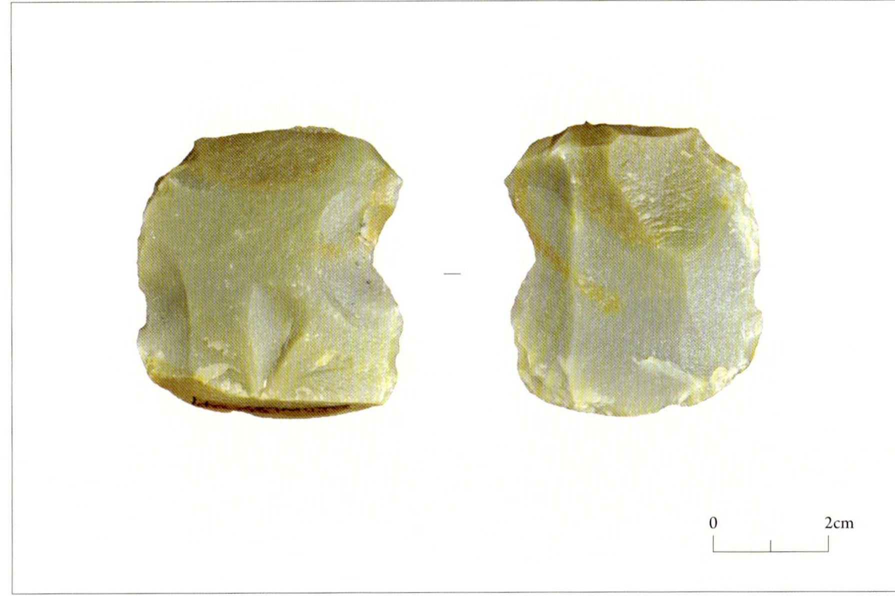

48 刮削器（22EDWL48 ：18）

49 刮削器（22EDWL90 ：17）

50 刮削器（22EDWL83 ：207）

51 刮削器（22EDWL34 ： 32）

52 刮削器（22EDWL85 ： 32）

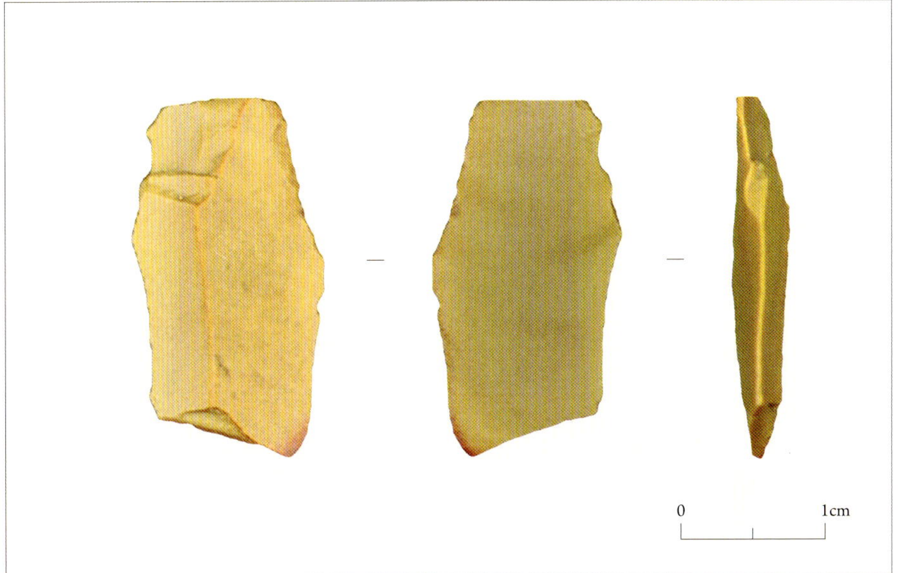

53　刮削器（22EDWL60 ：4）

54　刮削器（22EDWL53 ：601）

55　刮削器（22EDWL56 ：30）

56 刮削器（22EDWL10 ： 55）

57 刮削器（22EDWL67 ： 8）

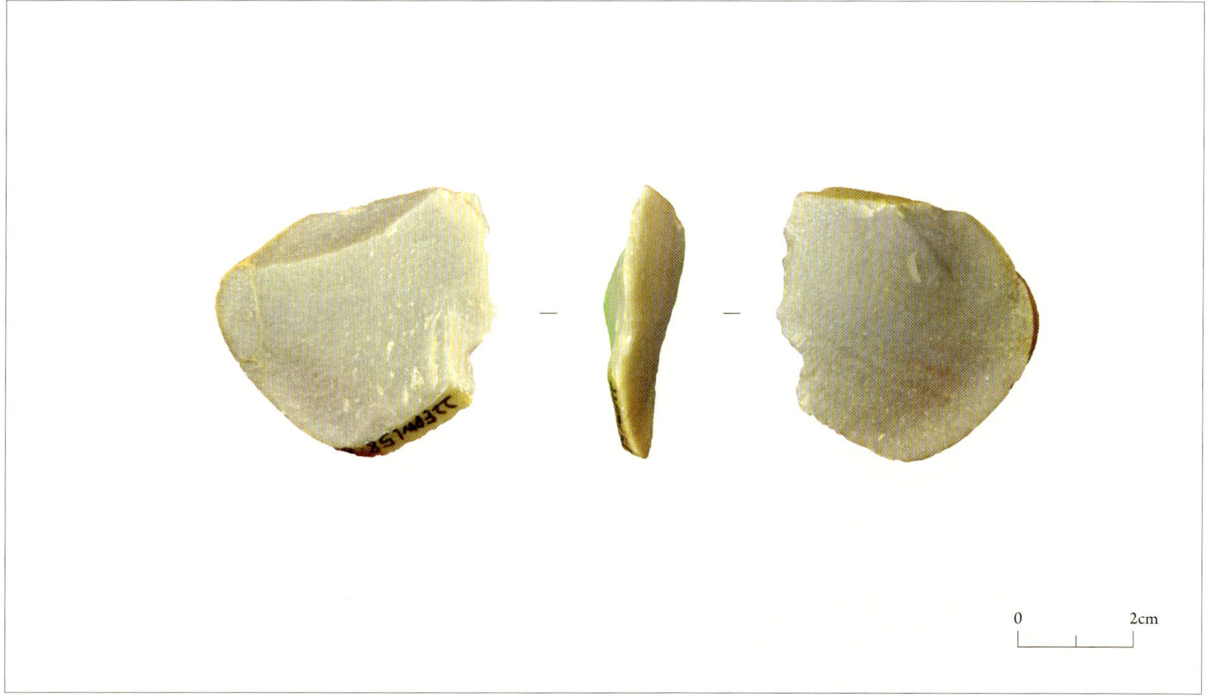

58　刮削器（22EDWL75 ：13）

59　刮削器（22EDWL58 ：8-1）

60 锯齿刃器（22EDWL75 ： 21）

61 锯齿刃器（22EDWL85 ： 59）

62 锯齿刃器（22EDWL78 ： 12）

63 锯齿刃器（22EDWL46 ： 39）

64 锯齿刃器（22EDWL88 ： 1）

65 锯齿刃器（22EDWL83 ： 129）

66 锯齿刃器（22EDWL83 ： 223）

67　锯齿刃器（22EDWL83 ： 128）

68　锯齿刃器（22EDWL18 ： 71）

69 锯齿刃器（22EDWL13 ： 12）

70 71 锯齿刃器（22EDWL45 ： 83）

锯齿刃器（22EDWL45 ： 74）

72 锯齿刃器（22EDWL13：38）

73 锯齿刃器（22EDWL30：50）

74 锯齿刃器（22EDWL83：200）

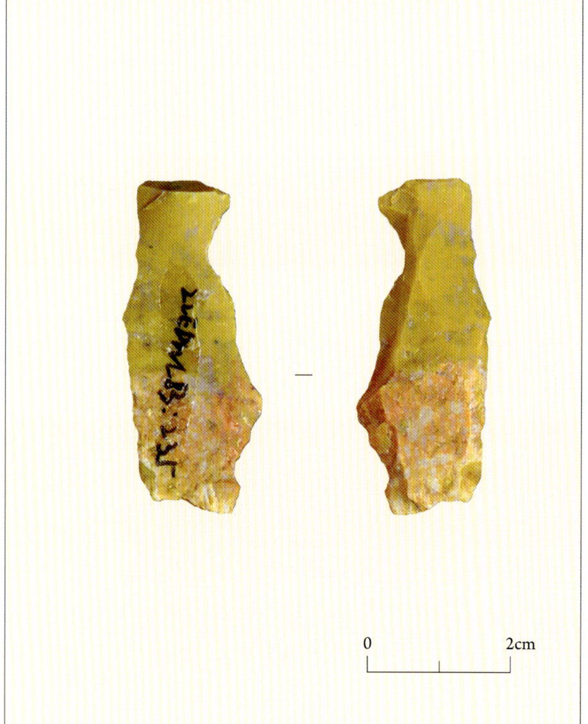

75 锯齿刃器（22EDWL53 ： 18）

76 77 锯齿刃器（22EDWL83 ： 235）

锯齿刃器（22EDWL83 ： 87）

78　锯齿刃器（22EDWL74 ： 11）

79　锯齿刃器（22EDWL81 ： 14）

80 锯齿刃器（22EDWL75 ： 83）

81 锯齿刃器（22EDWL93 ： 6）

82 锯齿刃器（22EDWL66 ： 17）

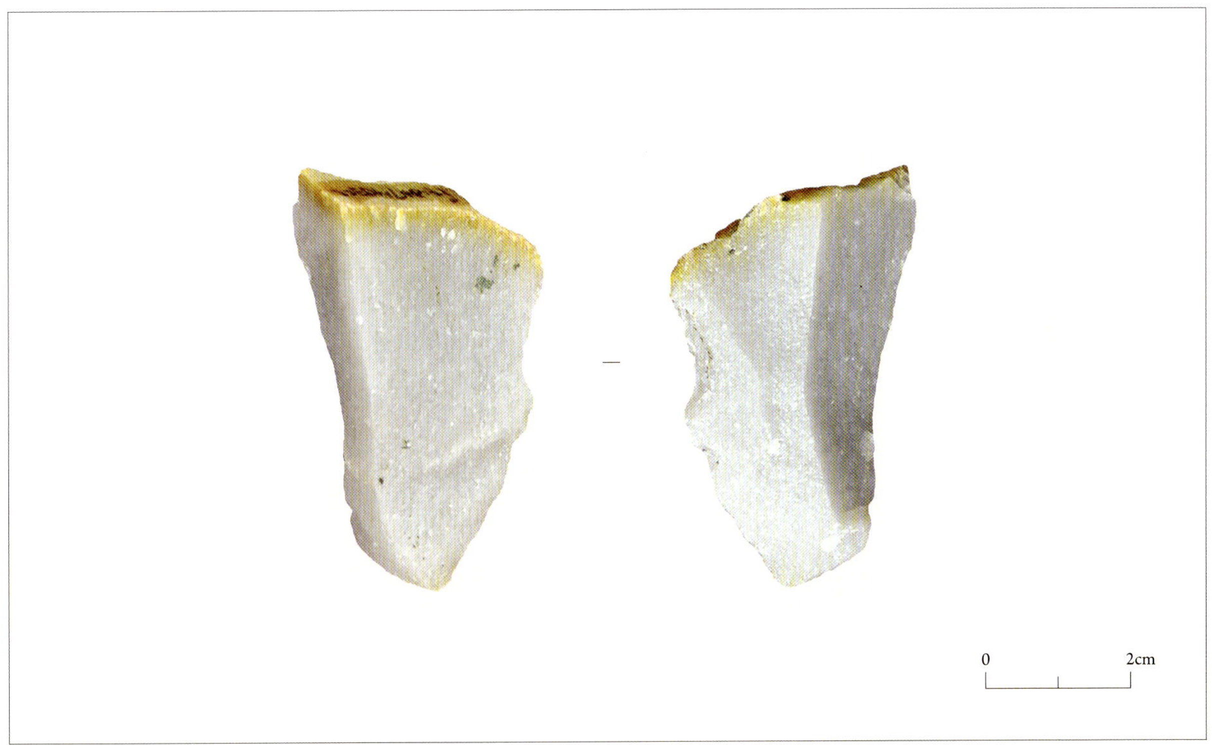

83 锯齿刃器（22EDWL75 ： 70）

84 锯齿刃器（22EDWL48 ： 33）

85 锯齿刃器（22EDWL66 ： 23）

86 锯齿刃器（22EDWL80 ： 6）

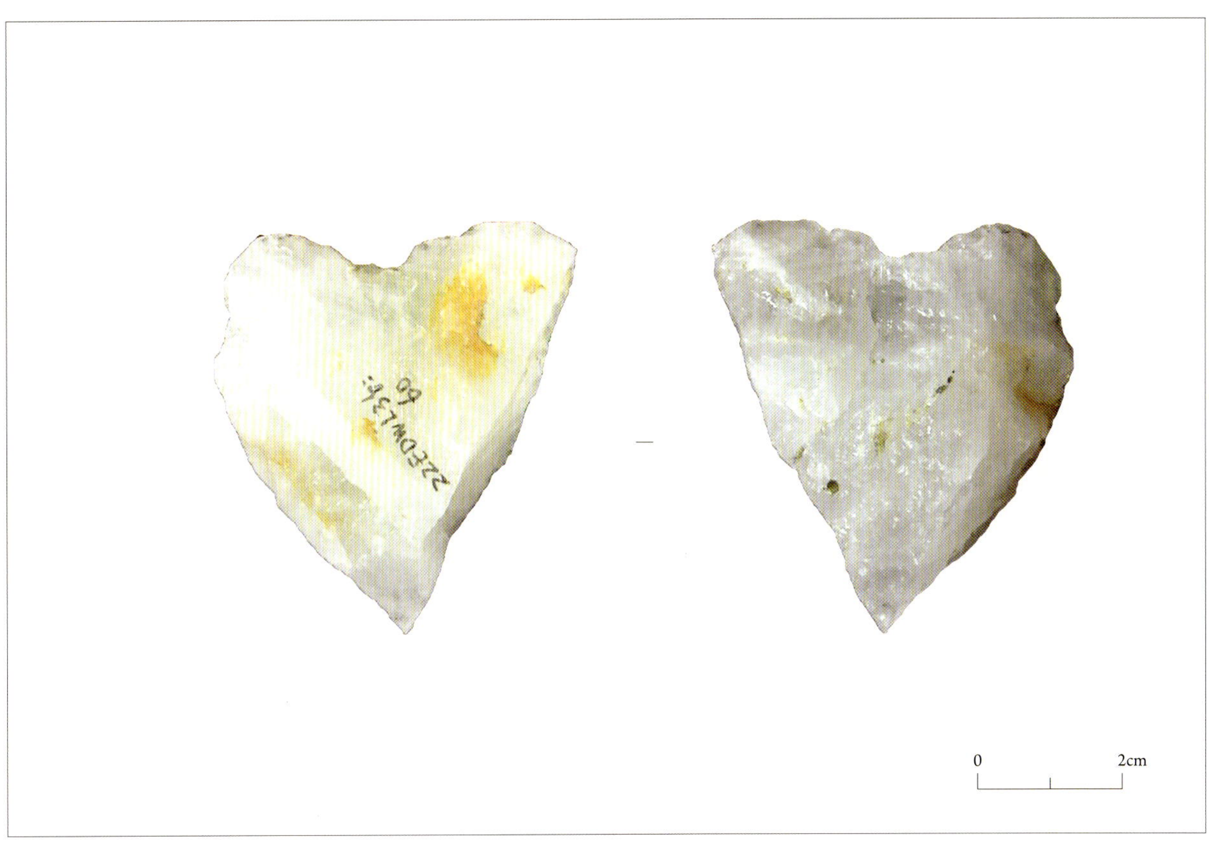

87 凹缺器（22EDWL36 ： 60）

88 凹缺器（22EDWL38 ： 7）

89 凹缺器（22EDWL48 ： 4）

90 凹缺器（22EDWL83 ： 24）

0 4cm

0 6cm

91 盘状器（22EDWL11 ： 3）

92 盘状器（22EDWL21 ： 32）

93 盘状器（22EDWL45 ： 21）

94 盘状器（22EDWL53 ： 334）

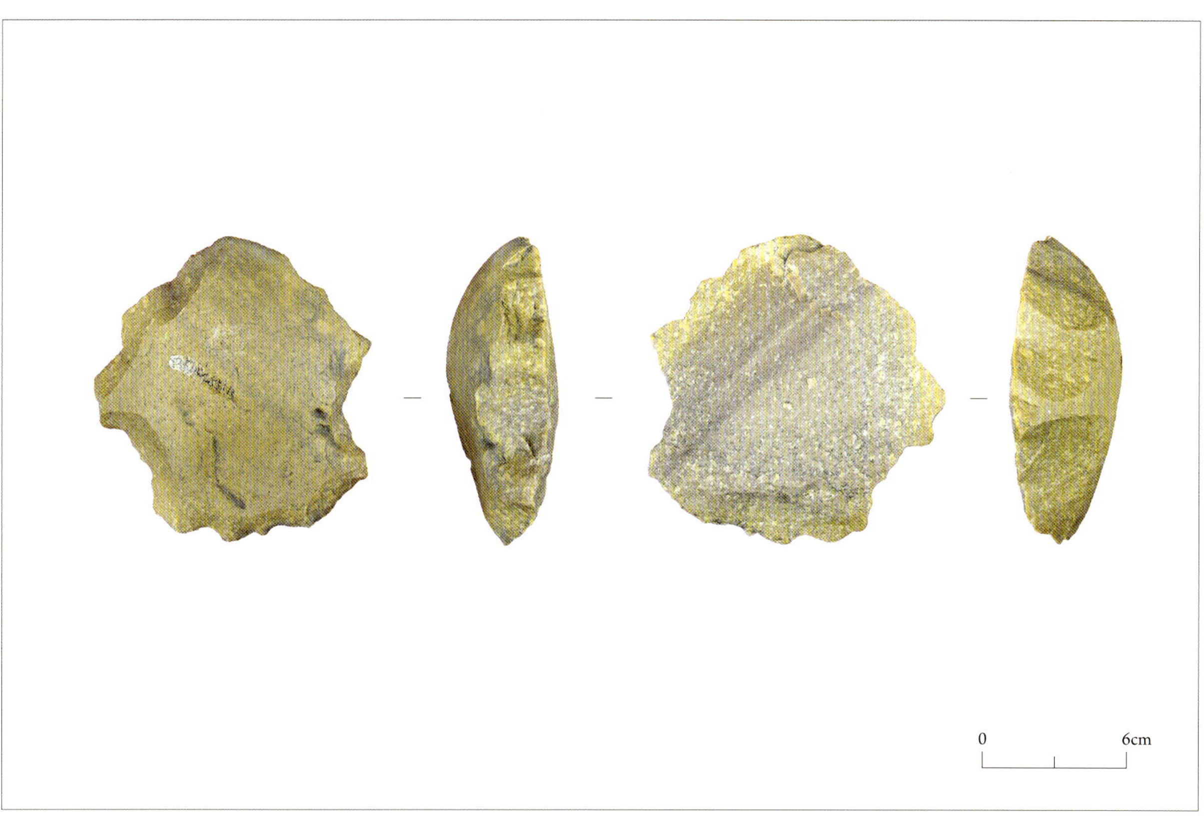

95 盘状器（22EDWL55 ： 13）

96 盘状器（22EDWL57 ： 2）

97 盘状器（22EDWL83 ： 40）

98 99 尖状器（22EDWL40 ： 26）

尖状器（22EDWL84 ： 6）

100 尖状器（22EDWL77 ： 10）

101 砍砸器（22EDWL12 ： 1）

102 砍砸器（22EDWL17 ： 14）

103 砍砸器（22EDWL44 ： 1）

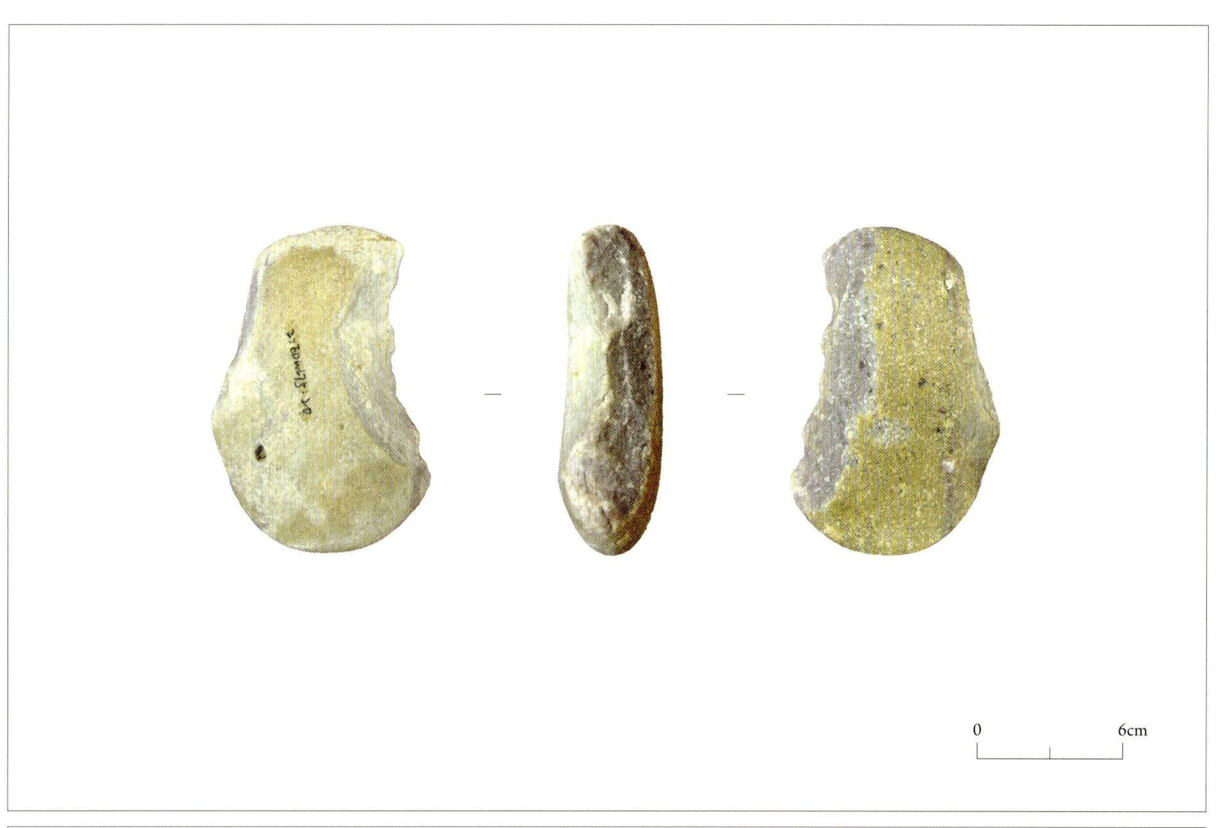

104 砍砸器（22EDWL75 ： 20）

105 砍砸器（22EDWL63 ： 12）

106 砍砸器（22EDWL23 ：11）

107 砍砸器（22EDWL87 ：15）

108 两面器（22EDWL9 ： 63）

109 两面器（22EDWL14 ： 15）

110 两面器（22EDWL86 ：9）

111 两面器（22EDWL31 ：6）

112 琢背石刀（22EDWL83 ： 167）

113 琢背石刀（22EDWL83 ： 170）

114 琢背石刀（22EDWL67 ： 24）

115 端刮器（22EDWL83 ： 282）

116 钻具（22EDWL83 ： 115）

117 斧形器（22EDWL53 ： 412）

adidas
Safari animals friends

后记

2022年暑期，中山大学社会学与人类学学院副教授刘扬像历年一样，来到鄂尔多斯开展旧石器考古工作。在与鄂尔多斯市文物考古研究院负责人秦旭光讨论鄂尔多斯今后旧石器考古工作发展前景时，两人不约而同地意识到乌兰木伦遗址的工作到了需要予以总结的时候了，这一想法也得到了多年来主持乌兰木伦遗址工作的侯亚梅研究员的共鸣。

确实如此，从2010年乌兰木伦遗址的发现和首次发掘到2022年，已经足足一个轮回的时间。人生轮回几何，曾经指导和参与这项工作的部分人员都已退休。当然，12年间，相关的旧石器考古工作并没有停滞，多项工作都有新的进展，特别是西乌兰木伦河流域旧石器考古调查和试掘成果已经以考古报告形式正式出版。然而最重要的乌兰木伦遗址发掘报告虽然完成已有时日，但出版问题却一直悬而未决，甚至内蒙古自治区文物局曹建恩局长对此事也颇有关注。讨论了几次，一致认为应该以专业报告和图录的形式回顾和总结乌兰木伦遗址相关工作成果，并应尽快启动出版程序。这也是本图录出版的起因之一。

2022年度的考古调查工作按计划进行。东乌兰木伦河这一调查区域的选择本来只想试试水，本年的主要战场刚开始一直想放在环鄂尔多斯的黄河沿岸。出乎意料的是，随着调查工作的进行，新发现层出不穷，考古队员一时竟已不舍离开。特别是面对漫山遍野、部分地点甚至俯拾即是的旧石器标本，一种感觉在考古队员心头挥之不去：乌兰木伦河流域的古人类活动是何等热闹繁华。在这样一个认识的基础上，一个新的计划浮现出来，那就是为什么不应着出版乌兰木伦遗址发掘报告的机会，同时出一本整个流域的旧石器考古发现精选图录呢？报告面向学界，图录面对大众，两全其美呀，何况还能较好地宣传和提升美丽新城鄂尔多斯的文化底蕴。本书主编多次商讨后，秦旭光负责人向鄂尔多斯市文化和旅游局局党组汇报，得到了李芸局长和时任王聿慧副局长的大力支持。本书因此正式纳入出版计划。考虑到乌兰木伦河（蒙语意指红水）沿岸崛起的康巴什等繁华新城，古今辉映，我们给这本图录定名为“红水流长 繁华竞逐”。

在编辑本书之前，编者曾想象图录的编排是一件较为简单的工作。然而真正入手之后，却发现工作量之大。该书真正确定下来是2022年9月，正式进入编撰阶段已是10月底，而在11月中旬就要交稿到出版社。这期间，需要挑选标本、拍照，最后完成近400件标本的抠图和编排。如果按每件标本平均4张照片来算，那么仅抠图就达到了1600张照片之多，之后还有对每件标本进行合并以及对所有标本格式的统一调整。时间紧，工作量大，所以当真正开始编撰时，可以说压力伴随着每天的工作。编委会成员每天加班加点，力争以最好的质量在规定时间交给出版社。可以想见，本图稿的完成，是一个团队紧密协作的结果，正所谓众人拾柴火焰高。也因此，除了主编和副主编外，我们把为本图录的编排付出过努力的工作人员一概加入编委会名单，他们主要是鄂尔多斯市文物考古研究院的研究人员、中山大学社会学与人类学学院的学生以及现工作于三峡博物馆的刘光彩。侯亚梅主编还邀请Julie Cormack对书稿英文部分进行润色，以期达到最好的效果。吃水不忘挖井人，乌兰木伦河流域的旧石器考古工作能走到报告、图录顺利出版的今天，离不开众多单位和各级领导、学者们的支持。这里要特别感谢鄂尔多斯青铜器博物馆老馆长王志浩先生、鄂尔多斯市文物考古研究院前两任院长杨泽蒙和尹春雷先生，是他们一贯的支持，使得合作得以持续。

我们也特别感谢为本书付出巨大努力和同样承受很大压力的文物出版社编辑乔汉英女士，她的工期相比编者更为紧张，而且还要忍受我们无尽的咨询和唠叨。

需要说明的是，对于乌兰木伦河流域调查和发掘获得的这几批重要旧石器考古材料，我们是本着“让文物活起来”的希冀，精选一些重要考古发现，初衷是以科普的视角、大众更容易理解和读懂的图像形式展示乌兰木伦河流域6万年来古人类活动繁华景象的立体图景。但是，本书所辑录标本并不是考古工作者辛勤调查和发掘成果的全部，对其文化内涵的挖掘还是需要以坚实的考古学研究为基础。此外，作为刚结束调查的东乌兰木伦河流域发现的石制品，由于时间原因，考古工作者的研究工作几乎还没有开始，本书编者无私且毫不犹豫的精选一些重要标本出来，目的是希望能以目前最为全面的材料来展示乌兰木伦河流域的考古成果和所反映的人类活动图景。因此，也特别希望读者能够尊重和支持本项考古调查队员们的辛勤工作，他们的汗水遍洒乌兰木伦河两岸的红色砂土，多年来已与河水融为一体。因此，如需使用未经研究发表的标本，请提前与本书主编联系。

最后，编者还需要说明的是，本着美好的初心和愿望，这本图录终于付梓出版，但由于时间紧、任务重，涉及的材料又极其丰富和重要，本书在图片编辑以及对相关问题的文字说明方面都难免或多或少存在不成熟甚至偏差之处，敬请读者不吝指正。

编者

2022年11月